最終処分率を、
1%以下に。
—— ICTで、持続可能な未来へ。

資源が持続的に利用できる未来に向けて。
非出する廃棄物の最終処分率をゼロエミッション*にします。

ムたちNTTグループは、
ICTをはじめとするさまざまなサービスを提供するために、たくさんの資源を使っています。
地球から資源がなくなれば、事業もつづけることはできません。
だからこそ、NTTグループが排出する廃棄物については、
ミとなる最終処分量を1%以下（ゼロエミッション）としています。
また、こうした環境問題への取り組みだけでなく、貧困、病気、災害、不平等など、
経済成長や社会に影響を及ぼす課題に、これからも積極的に取り組んでいきます。
Tべては、ICTの力を使って、世界を変えていくために。
NTTグループは、さまざまな皆さまとコラボレーションし、新しい市場やサービスを創出することで、
社会の持続的発展にさらなる貢献を続けていきます。

NTTグループでは、最終処分率1%以下をゼロエミッションとして定義しています。

NEC

ともに奏で、ともに創る。
私たちの未来。

私たちは世界中の人びとと協奏しながら、
先進のICTで、明るく希望に満ちた社会を実現していきます。

Orchestrating a brighter world

「社会価値創造企業」へ

これからも地域社会の課題に価値あるソリューションを提供してまいります~

横浜港北ジャンクション高架橋
令和元年度土木学会賞田中賞作品部門
（写真提供：首都高速道路（株））

菰野第二高架橋
令和元年度土木学会賞田中賞作品部門

白川河川激甚災害対策特別緊急事業（龍神橋~小磧橋間）
2020年度グッドデザイン賞・令和元年度全建賞受賞

ICT活用で
日本の医療を支える

患者さまの利便性向上を目指す
オンライン服薬指導

自社開発の調剤システム

電子お薬手帳
「お薬手帳プラス」

在宅医療での多職種連携を
進めるシステム開発

日本調剤

一般社団法人
ASP・SaaS・AI・IoT クラウド産業協会(ASPIC)
(クラウドサービス情報開示認定機関) 会長　河合　輝欣

URL　https://www.aspicjapan.org　　E-mail　office@aspicjapan.org

〒141-0031　東京都品川区西五反田 7-3-1 たつみビル　TEL 03-6662-6591　　FAX 03-6662-6347

1．「クラウドサービスの安全性・信頼性に係る情報開示認定制度」の運営

情報開示認定制度はクラウドサービス事業者が安全・信頼性にかかる情報を適切に開示しているサービスを認定する制度で、ASPIC が認定機関として運営しています。
認定されたサービスは認定サイトに公表され、これにより利用者はサービスの比較、評価、選択が可能となります。
2008 年より運用を開始し、累計２６５のクラウドサービスが認定を取得しています。

詳細は、URL：https://www.aspicjapan.org/nintei

以下７つの制度を総称して、情報開示認定制度といいます。

ASP・SaaS　　　　　　　　　IoT　　　　　　IaaS PaaS　DC

2．クラウドサービス紹介サイト「アスピック」の運営

クラウドサービス紹介サイト「アスピック」は、クラウドサービス事業者が自社サービスの特徴、優れた機能の情報を掲載します。これにより、利用者はサービスの比較、評価、選択が可能となります。2019 年 4 月より運用を開始し、１６０サービスを掲載しています。

詳細は、
URL：https://www.aspicjapan.org/asu

3．IoT・AI・クラウドアワードにより優良なサービスを表彰

クラウドサービスの認知度向上のため、優秀なクラウドサービスを表彰しています。　毎年開催し、今年で 14 回目となります。
最優秀サービスには「総務大臣賞」が授与される予定です。

4．会員企業のビジネス支援活動

(1) IoT、AI、セキュリティ、新技術等 13 分野のクラウド研究会を開催 (2019 年度 20 回開催)
　　今期はオンラインセミナーで開催しています。
(2) 会員企業にクラウドトピックス等の情報を提供 (年間 100 回以上)

2021年版

総務省名鑑

時評社

官庁名鑑 WEB サービス　無料トライアルについての
詳細は、目次最終ページ（Ⅸ）をご覧ください。

目　次

行政評価局

自治行政局

自治財政局

サイバーセキュリティ統括官

事務局等

施設等機関・特別の機関

地方管区行政評価局

地方総合通信局

消防庁

資　料

（※ 総務省の現状が一目でわかるデータ，グラフ満載）

本 省

総務事務次官 命 総務省倫理監督官
Ministry of Internal Affairs and
Communications Vice-Minister

黒　田　武一郎（くろだ　ぶいちろう）

昭和35年2月20日生．兵庫県出身．
東京大学法学部

昭和57年4月	自治省財政局交付税課 兼 大臣官房総務課
昭和57年7月	秋田県地方課
昭和59年8月	参議院法制局第四部第二課
昭和60年7月	自治省財政局交付税課
昭和62年4月	広島市商工課長
平成元年4月	広島市財政課長
平成2年4月	地方公務員災害補償基金審査課次長
平成3年7月	熊本県財政課長
平成6年4月	自治省財政局調整室課長補佐
平成8年4月	自治省財政局地方債課課長補佐
平成9年1月	自治省財政局地方債課理事官
平成10年4月	自治省財政局財政課財政企画官
平成11年7月	熊本県総務部長
平成12年5月	熊本県副知事
平成16年6月	総務省自治財政局財政課財政企画官 併任 大臣官房参事官
平成17年1月	総務省自治財政局交付税課長
平成19年7月	総務省自治財政局地方債課長
平成21年7月	総務省自治行政局地域政策課長
平成22年4月	総務省自治財政局財政課長
平成24年8月	総務省大臣官房審議官（財政制度・財務担当）
平成25年8月	内閣官房内閣審議官（内閣官房副長官補付）
平成27年7月	総務省大臣官房長
平成28年6月	総務省自治財政局長
平成30年8月	総務省消防庁長官
令和元年7月	総務審議官（自治行政）
令和元年12月	総務事務次官

総務審議官（行政制度）
Vice-Minister for Policy Coordination

長 屋　　聡（ながや　さとし）

昭和34年9月13日生. 神奈川県出身.
神奈川県立平塚江南高校，東京大学教養学部教養学科

昭和59年4月	行政管理庁入庁
平成6年4月	総務庁行政管理局企画調整課課長補佐
平成7年7月	地方分権推進委員会事務局上席調査員
平成10年7月	総務庁行政管理局行政情報システム企画課国際企画官
平成13年6月	内閣府総合規制改革会議事務室次長
平成14年8月	内閣官房行政改革推進事務局行政委託型公益法人等改革推進室参事官
平成16年8月	総務省行政管理局管理官（行政改革）
平成18年7月	総務省行政管理局管理官（厚生労働・経済産業・環境）
平成19年7月	総務省行政管理局行政情報システム企画課長
平成21年7月	総務省行政管理局企画調整課長
平成23年7月	総務省大臣官房秘書課長
平成25年6月	内閣官房内閣審議官（内閣官房副長官補付）命 内閣官房行政改革推進本部事務局次長
平成26年7月	総務省大臣官房審議官（大臣官房調整部門、行政管理局担当）
平成27年1月	総務省大臣官房審議官（大臣官房調整部門、行政管理局、行政評価局担当）
平成27年7月	総務省大臣官房審議官（行政管理局担当）
平成28年6月	総務省大臣官房総括審議官（広報、政策企画（主）担当）
平成29年1月	総務省大臣官房付 併任 内閣官房内閣審議官（内閣官房副長官補付）命 内閣官房統計改革推進室長
平成29年7月	内閣官房内閣人事局人事政策統括官
令和元年7月	総務審議官（行政制度）

総務審議官（郵政・通信）
Vice-Minister for Policy Coordination

谷　脇　康　彦（たにわき　やすひこ）

昭和35年 9 月11日生．愛媛県出身．
私立愛光高校，一橋大学経済学部

昭和59年	郵政省入省
昭和59年	郵政省貯金局経営調査室
昭和60年	郵政省通信政策局国際協力課
昭和61年	経済協力開発機構（OECD、在パリ）
昭和63年	郵政省大臣官房企画課主査
平成 2 年	郵政省西条郵便局長
平成 3 年	郵政省簡易保険局経営企画課課長補佐
平成 5 年	郵政省電気通信局電気通信事業部事業政策課課長補佐
平成 9 年	郵政省関東郵政局郵務部長
平成10年	郵政省貯金局経営調査室長
平成11年	郵政大臣秘書官事務取扱
平成12年	郵政省電気通信事業政策課調査官
平成14年	在米国日本国大使館参事官
平成17年 8 月	総務省総合通信基盤局電気通信事業部料金サービス課長
平成19年 7 月	総務省総合通信基盤局電気通信事業部事業政策課長
平成20年 7 月	総務省情報通信国際戦略局情報通信政策課長
平成23年 7 月	総務省大臣官房企画課長
平成24年 9 月	総務省大臣官房審議官（情報流通行政局担当）
平成25年 6 月	内閣官房内閣審議官（内閣官房副長官補付）　命　内閣官房情報セキュリティセンター副センター長
平成28年 6 月	総務省情報通信国際戦略局長
平成29年 7 月	総務省政策統括官（情報セキュリティ担当）
平成30年 7 月	総務省総合通信基盤局長
令和元年12月	総務審議官（郵政・通信）命　総合通信基盤局長事務取扱
令和 2 年 7 月	総務審議官（郵政・通信）

主要著書・論文　「サイバーセキュリティ」（岩波書店、30年10月刊）、「ミッシングリンク〜デジタル大国ニッポン再生」（東洋経済新報社、24年 8 月刊）、「世界一不思議な日本のケータイ」（インプレスR&D、20年 5 月刊）、「インターネットは誰のものか」（日経BP、19年 7 月刊）、「融合するネットワーク」（かんき出版、17年 9 月刊）

総務審議官 (国際)
Vice-Minister for Policy Coordination

吉 田 眞 人 (よしだ まびと)

昭和35年 8 月28日生. 大阪府出身.
大阪府立天王寺高校, 京都大学法学部

昭和60年	郵政省入省 (経理部管理課)
平成19年 3 月	総務省情報通信政策局放送政策課長
平成21年 7 月	内閣官房内閣参事官 (内閣官房副長官補付)
平成23年 7 月	総務省大臣官房会計課長 併:予算執行調査室長
平成24年 8 月	総務省情報流通行政局総務課長
平成25年 6 月	総務省情報通信国際戦略局参事官 (国際競争力強化戦略担当)
平成26年 7 月	総務省総合通信基盤局電気通信事業部長
平成27年 7 月	総務省大臣官房審議官 (情報流通行政局担当)
平成29年 7 月	総務省大臣官房総括審議官 (情報通信担当)
平成30年 7 月	総務省国際戦略局長
令和元年 7 月	総務省情報流通行政局長
令和 2 年 7 月	総務審議官 (国際)

総務省大臣官房長
Director-General Minister's Secretariat

原　　邦　彰（はら　くにあき）

昭和39年9月18日生. 神奈川県出身.
東京大学法学部

昭和63年4月	自治省入省（財政局交付税課兼大臣官房総務課）
昭和63年7月	茨城県地方課
平成元年4月	茨城県財政課
平成2年4月	消防庁総務課
平成2年10月	自治省財政局財政課
平成5年4月	宮崎県人事課行政管理監
平成6年4月	宮崎県地域振興室長
平成6年10月	宮崎県財政課長
平成9年4月	経済企画庁財政金融課長補佐
平成11年4月	自治省税務局固定資産税課審査訴訟専門官
平成12年8月	自治省財政局調整室課長補佐
平成13年1月	総務省自治財政局調整課課長補佐
平成14年2月	総務省自治税務局企画課課長補佐
平成15年8月	総務省自治財政局財政課理事官
平成16年4月	総務省自治財政局財政課財政企画官
平成17年4月	和歌山県総務部長
平成19年1月	和歌山県副知事
平成21年4月	総務省自治行政局公務員部公務員課給与能率推進室長
平成22年7月	内閣官房内閣参事官（内閣官房副長官補付）
平成24年9月	総務省自治行政局市町村体制整備課長
平成25年4月	総務省自治行政局市町村課長
平成26年4月	総務省自治財政局財務調査課長
平成27年7月	総務省自治財政局調整課長
平成29年7月	内閣官房内閣審議官（内閣総務官室）命 内閣官房人事管理官 命 内閣官房皇室典範改正準備室副室長 併任 内閣官房内閣人事局
平成30年7月	内閣官房内閣総務官室内閣総務官 併任 内閣人事局人事政策統括官 命 内閣官房皇室典範改正準備室長 命 皇位継承式典事務局次長 併任 内閣府大臣官房
令和2年7月	総務省大臣官房長

**総務省大臣官房総括審議官（マイナンバー情報
連携、政策企画（副）担当）**

前 田 一 浩（まえだ　かずひろ）

昭和38年 3 月11日生．広島県出身．
広島学院高等学校，東京大学法学部

昭和62年 4 月	自治省入省（行政局振興課 兼 大臣官房総務課）
昭和62年 7 月	山梨県市町村課
平成元年 4 月	自治省消防庁消防課
平成 2 年 4 月	自治省大臣官房企画室
平成 3 年 4 月	自治省税務局府県税課
平成 4 年 7 月	国税庁相生税務署長
平成 5 年 7 月	自治大学校助教授
平成 6 年 4 月	茨城県観光物産課長
平成 8 年 4 月	茨城県財政課長
平成10年 4 月	自治省税務局市町村税課課長補佐
平成11年 7 月	自治省税務局府県税課課長補佐
平成13年 4 月	総務省自治財政局交付税課課長補佐
平成15年 4 月	総務省自治財政局財政課財政企画官
平成16年 4 月	岡山県総務部長
平成19年 4 月	総務省自治行政局公務員部高齢対策室長
平成19年 7 月	総務省自治行政局公務員部給与能率推進室長
平成20年 7 月	内閣府地方分権改革推進委員会事務局参事官
平成22年 7 月	総務省自治財政局公営企業課地域企業経営企画室長
平成23年 4 月	総務省自治財政局公営企業課準公営企業室長
平成23年 7 月	総務省自治税務局固定資産税課長
平成25年 6 月	総務省自治財政局交付税課長
平成27年 7 月	総務省自治財政局財政課長
平成29年 7 月	内閣府大臣官房審議官（経済社会システム担当）併任 内閣府本府休眠預金等活用担当室長
令和元年 7 月	総務省大臣官房審議官（財政制度・財務担当）
令和元年 8 月	総務省大臣官房総括審議官（マイナンバー情報連携、政策企画（副）担当）

総務省大臣官房総括審議官（情報通信担当）併任 内閣官房副長官補付 命 内閣官房情報通信技術（ＩＴ）総合戦略室室員

竹 村 晃 一（たけむら こういち）

昭和40年7月11日生．兵庫県出身．
武蔵高等学校，東京大学経済学部

平成元年	郵政省入省
平成元年	郵政省大臣官房企画課
平成4年	米国留学（ミシガン大学大学院）
平成5年	郵政省通信政策局政策課係長
平成7年	仙台市役所
平成9年	郵政省通信政策局地域通信振興課課長補佐
平成11年	郵政省簡易保険局資金運用課課長補佐
平成13年1月	総務省郵政企画管理局保険経営計画課課長補佐
平成14年8月	総務省郵政企画管理局保険企画課課長補佐
平成16年4月	総務省総合通信基盤局電波部移動通信課ITS推進官
平成17年8月	総務省総合通信基盤局電波部電波政策課企画官
平成19年10月	金融庁監督局郵便貯金・保険監督参事官室企画官
平成20年7月	総務省情報通信国際戦略局情報通信政策課調査官
平成21年7月	内閣官房内閣参事官（IT担当室）
平成23年7月	総務省情報流通行政局情報通信作品振興課長
平成25年6月	総務省総合通信基盤局電気通信事業部料金サービス課長
平成28年6月	総務省総合通信基盤局電気通信事業部事業政策課長
平成30年7月	総務省総合通信基盤局総務課長
令和元年7月	総務省総合通信基盤局電気通信事業部長
令和2年7月	総務省大臣官房総括審議官（情報通信担当）併任 内閣官房副長官補付 命 内閣官房情報通信技術（ＩＴ）総合戦略室室員

総務省大臣官房政策立案総括審議官 併任 公文書監理官
Director-General for Evidence-based
Policymaking (, Chief Record Officer)

阪 本 克 彦（さかもと　かつひこ）

昭和42年3月18日生．東京都出身．A型
国立東京学芸大学附属高校，東京大学経済学部経済学科

平成元年4月	総理府入府　平成7年3月　佐賀県警察本部生活安全部生活安全課長
平成9年7月	総務庁人事局参事官補佐（職員第二）
平成12年8月	総務庁行政管理局副管理官（特殊法人総括、独立行政法人総括、外務省）
平成14年5月	総務省行政評価局評価監視調査官（独立行政法人）
平成16年10月	総務省行政管理局調査官 兼 行政改革推進本部事務局調整室企画官
平成17年10月	中馬国務大臣秘書官事務取扱（行政改革、規制改革、国家公務員制度改革、構造改革特区、地域再生、産業再生）
平成18年9月	総務省行政管理局企画調整課企画官
平成19年7月	総務省人事・恩給局公務員高齢対策課長
平成20年8月	国家公務員制度改革推進本部参事官
平成22年1月	総務省行政管理局管理官（行政改革総括、厚生労働省、宮内庁、経済産業省、環境省）
平成23年4月	内閣官房内閣参事官（復興法案準備室）
平成23年6月	東日本大震災復興対策本部事務局参事官
平成24年2月	復興庁参事官
平成24年8月	総務省行政管理局管理官（外務省、防衛省、農林水産省等）
平成25年7月	国家公務員制度改革事務局参事官
平成26年7月	総務省行政管理局企画調整課長
平成27年7月	内閣官房内閣参事官（内閣人事局）
平成29年1月	内閣官房内閣参事官（内閣人事局、統計改革推進室）
平成29年7月	総務省統計企画管理官 兼 内閣官房内閣参事官（統計改革推進室）
平成30年7月	内閣官房内閣審議官 命 行政改革推進本部事務局次長 命 統計改革推進室長
平成31年1月	内閣官房内閣審議官 命 行政改革推進本部事務局次長 命 統計改革推進室長 兼 総務省政策統括官付
令和2年7月	総務省大臣官房政策立案総括審議官 併任 公文書監理官 兼 内閣官房内閣審議官 命 統計改革推進室次長

総務省大臣官房サイバーセキュリティ・情報化審議官

Deputy Director-General for Cybersecurity and Information
Technology Management

箕 浦 龍 一 (みのうら りゅういち)

昭和41年 5 月 2 日生. 東京都出身.
私立開成高校, 東京大学法学部

平成 3 年 4 月	総理府入府
平成 7 年 3 月	総務庁人事局企画調整課
平成 9 年 3 月	福井県警察本部参事官（生活安全）
平成11年 3 月	総務庁人事局企画調整課課長補佐（調整）
平成12年12月	総務庁人事局企画調整課課長補佐（総括）
平成13年 1 月	総務省人事・恩給局総務課課長補佐（調整）
平成13年 4 月	内閣官房行政改革推進事務局公務員制度等改革推進室参事官補佐
平成14年 5 月	総務省行政管理局副管理官（国土交通第 1 担当）
平成16年 7 月	総務省行政管理局副管理官（独立行政法人・特殊法人）
平成18年 1 月	内閣官房行政改革推進事務局公務員制度等改革推進室参事官補佐（総括）
平成18年 7 月	総務省行政管理局副管理官（定員総括）
平成18年10月	総務省行政管理局企画調整課企画官（定員総括）
平成19年 7 月	総務省行政管理局企画調整課企画官
平成20年 9 月	総務大臣秘書官事務取扱
平成21年 9 月	総務省行政管理局行政情報システム企画課企画官
平成22年 7 月	総務省行政管理局管理官（情報）
平成23年 7 月	総務省行政管理局管理官（行政改革・業務改革総括、文部科学、厚生労働、公正取引委員会）
平成24年 4 月	総務省行政管理局管理官（業務・システム改革総括、厚生労働・文部科学、公正取引委員会、年金業務監視委員会、府省共通の情報システム（研究開発））
平成24年 9 月	内閣事務官（内閣官房内閣参事官（内閣総務官室））、内閣官房皇室典範改正準備室参事官
平成26年 7 月	総務省行政評価局政策評価課長
平成27年 7 月	総務省行政管理局企画調整課長
平成30年 7 月	総務省行政評価局総務課長
令和 2 年 7 月	総務省大臣官房サイバーセキュリティ・情報化審議官

総務省大臣官房審議官（大臣官房調整部門、恩給担当）併任 行政不服審査会事務局長

加　瀬　德　幸（かせ　とくゆき）

昭和63年４月　総務庁入庁
平成22年７月　総務省人事・恩給局恩給企画課長
平成27年７月　総務省大臣官房政策評価広報課長
平成29年７月　総務省公害等調整委員会事務局次長
令和元年７月　総務省大臣官房審議官（大臣官房調整部門、恩給担当）
　　　　　　　併任 行政不服審査会事務局長

総務省大臣官房秘書課長 命 人事管理官

武 藤 真 郷 (むとう まさと)
昭和41年 7 月11日生.　熊本県出身.
熊本県立熊本高校，東京大学法学部

平成 3 年 4 月	総理府入府
平成18年 7 月	総務省人事・恩給局企画官
平成20年 8 月	総務省行政評価局総務課企画官
平成20年 9 月	総務省行政管理局企画調整課企画官
平成21年 8 月	総務省行政管理局企画調整課行政手続・制度調査室長
平成22年 2 月	内閣府特命担当大臣（行政刷新）秘書官
平成23年 6 月	内閣総理大臣補佐官付
平成23年 9 月	内閣府特命担当大臣（行政刷新）秘書官
平成24年 1 月	総務省行政評価局評価監視官（独立行政法人第一）（併）行政管理局（内閣・内閣府・総務・財務・金融等）
平成24年 9 月	総務省行政管理局管理官（内閣・内閣府・総務・財務・金融等）
平成25年 3 月	（併）内閣府規制改革推進室参事官
平成25年 6 月	総務省行政管理局管理官（内閣・内閣府・総務・財務・金融等）
平成26年 5 月	内閣官房内閣参事官（内閣人事局）
平成26年 7 月	内閣官房内閣参事官（内閣総務官室）命 内閣官房皇室典範改正準備室参事官 併任 内閣官房内閣人事局（幹部人事一元管理総括）
平成28年 6 月	総務省行政評価局政策評価課長
平成29年 1 月	併任 行政評価局評価監視官
平成29年 7 月	内閣官房内閣参事官（内閣人事局）
平成30年 7 月	総務省行政管理局企画調整課長 併任 内閣府本府地方分権改革推進室参事官
令和元年 7 月	総務省大臣官房秘書課長 命 人事管理官

総務省大臣官房参事官（秘書課担当）

田 中 聖 也（たなか まさや）

昭和45年 5 月15日生. 埼玉県出身.
東京大学法学部

平成 5 年 4 月	自治省入省
平成18年 7 月	総務省自治行政局行政課課長補佐
平成19年 4 月	内閣府地方分権改革推進委員会事務局参事官補佐
平成21年 7 月	総務省自治行政局行政課行政企画官 兼 大都市制度専門官事務取扱
平成23年 4 月	山梨県総務部長
平成25年 4 月	全国知事会部長 兼 地方自治確立対策協議会地方分権改革推進本部事務局部長
平成27年 7 月	総務省自治行政局公務員部公務員課給与能率推進室長
平成28年 6 月	総務省自治行政局市町村課行政経営支援室長
平成29年 7 月	内閣官房内閣参事官（内閣総務官室）
令和元年 7 月	総務省自治行政局市町村課長
令和 2 年 7 月	総務省大臣官房参事官（秘書課担当）

総務省大臣官房参事官（秘書課担当）

山 碕 良 志 (やまざき　りょうじ)

昭和42年10月4日生．愛知県出身．
愛知県立千種高等学校，東京大学法学部

平成 3 年 4 月	郵政省入省
平成 9 年 7 月	福岡市総務企画局企画調整部課長（高度情報化担当）
平成19年10月	総務省郵政行政局企画課管理室長
平成20年 7 月	総務省情報通信国際戦略局情報通信政策課調査官
平成20年 9 月	総務大臣秘書官事務取扱
平成21年 9 月	総務省情報流通行政局郵政行政部企画課調査官
平成21年10月	内閣官房郵政改革推進室企画官
平成24年 7 月	総務省情報流通行政局情報流通振興課情報セキュリティ対策室長
平成26年 1 月	総務省情報流通行政局郵政行政部郵便課長
平成27年 7 月	総務省情報流通行政局地域通信振興課長
平成28年 6 月	総務省情報通信国際戦略局国際政策課長
平成29年 9 月	総務省国際戦略局国際政策課長
平成30年 7 月	総務省総合通信基盤局電気通信事業部事業政策課長
令和 2 年 4 月	総合通信基盤局電気通信事業部データ通信課長を併任
令和 2 年 7 月	総務省大臣官房参事官（秘書課担当）

総務省大臣官房総務課長

玉　田　康　人（たまだ　やすひと）

昭和40年4月10日生．兵庫県出身．
私立灘高校，東京大学法学部

平成2年4月	郵政省入省
平成2年7月	郵政省電気通信局電波部移動通信課
平成8年7月	郵政省三国郵便局長（福井県）
平成9年7月	郵政省電気通信局電気通信事業部データ通信課課長補佐
平成12年7月	郵政省電気通信局電気通信事業部高度通信網振興課課長補佐
平成13年5月	在ジュネーブ国際機関日本政府代表部一等書記官
平成16年9月	総務省総合通信基盤局電気通信事業部高度通信網振興課（課長補佐、高度通信網推進官）
平成18年8月	総務省郵政行政局郵便企画課国際企画室長
平成20年7月	総務省情報流通行政局地上放送課デジタル放送受信者支援室長
平成23年9月	総務省総合通信基盤局電気通信事業部消費者行政課長
平成26年7月	総務省情報通信国際戦略局国際経済課長
平成28年6月	総務省情報流通行政局衛星・地域放送課長
平成29年7月	内閣官房内閣参事官（内閣官房副長官補付）
令和元年7月	総務省情報流通行政局情報通信政策課長　併任　内閣官房副長官補付　命　内閣官房情報通信技術（ＩＴ）総合戦略室参事官　命　内閣官房デジタル市場競争評価体制準備室参事官
令和2年7月	総務省大臣官房総務課長

総務省大臣官房参事官 併任 総務課公文書監理室長 併任 公害等調整委員会事務局 併任　消防庁長官付

山 口 真 矢 （やまぐち　しんや）

昭和45年1月17日生．東京大学

平成6年4月	総理府入府
平成14年5月	内閣官房行政改革推進事務局参事官補佐
平成15年8月	内閣法制局第一部参事官補
平成18年7月	総務省行政管理局副管理官
平成20年7月	総務省行政評価局総括評価監視調査官
平成22年7月	総務省大臣官房秘書課長補佐
平成24年8月	船橋市副市長
平成26年7月	総務省行政管理局企画調整課企画官
平成27年7月	総務省大臣官房参事官 併任 行政管理局管理官
平成28年6月	総務省行政評価局評価監視官（特定担当）
平成29年1月	総務省大臣官房付 併任 内閣官房内閣参事官（内閣官房副長官補付）命 内閣官房特定複合観光施設区域整備推進本部設立準備室参事官
令和元年7月	総務省行政管理局企画調整課長 併任 内閣府本府地方分権改革推進室参事官
令和2年7月	総務省大臣官房参事官 併任 総務課公文書監理室長 併任 公害等調整委員会事務局 併任 消防庁長官付

総務省大臣官房参事官 併任 企画課政策室長

長谷川　　孝（はせがわ　たかし）

昭和47年1月19日生. 熊本県出身.
私立市川高等学校, 東京大学法学部

平成6年4月	自治省入省
平成18年4月	総務省消防庁予防課課長補佐
平成19年8月	総務省自治行政局選挙部管理課訟務専門官（兼）課長補佐
平成21年4月	総務省自治行政局選挙部選挙課理事官
平成23年5月	総務省自治行政局選挙部選挙課企画官
平成24年4月	横浜市政策局政策部担当部長
平成25年4月	横浜市政策局担当理事（兼）政策部担当部長
平成27年4月	横浜市政策局政策調整担当理事
平成28年7月	内閣官房内閣参事官（内閣官房副長官補付）命 内閣官房番号制度推進室参事官 併任 内閣府大臣官房番号制度担当室参事官）
平成30年4月	総務省大臣官房参事官 命 個人番号企画室長事務取扱
令和元年7月	総務省大臣官房参事官 併任 企画課政策室長

総務省大臣官房参事官 命 個人番号企画室長事務取扱

渡 邉 繁 樹 （わたなべ　しげき）

昭和47年 6 月17日生．静岡県出身．
東京大学法学部

平成 7 年 4 月	自治省入省
平成26年 4 月	山口県総務部長
平成28年 6 月	総務省自治行政局住民制度課企画官 併任 外国人住民基本台帳室長
平成29年 4 月	総務省自治行政局住民制度課個人番号カード企画官
平成30年 3 月	地方公共団体情報システム機構個人番号センター総括審議役
令和 2 年 4 月	総務省大臣官房参事官 命 個人番号企画室長事務取扱

総務省大臣官房参事官 併：大臣官房総務課管理室長

村 上 剛 一（むらかみ　ごういち）

昭和47年 8 月 4 日生．神奈川県出身．
早稲田大学法学部

平成 8 年 4 月	総理府入府
平成21年 7 月	国家公務員制度改革推進本部事務局参事官補佐
平成24年 9 月	総務省行政評価局総括評価監視調査官
平成25年 6 月	内閣官房行政改革推進本部国家公務員制度改革事務局企画官
平成26年 5 月	内閣官房内閣人事局企画官
平成28年 4 月	総務省大臣官房企画課企画官 兼 大臣官房企画課情報システム室長
平成29年 4 月	総務省大臣官房企画課企画官 併任 大臣官房企画課サイバーセキュリティ・情報化推進室長
平成29年 7 月	総務省行政評価局評価監視官（財務、文部科学等担当）
平成30年 7 月	内閣官房内閣参事官（内閣官房副長官補付）命 内閣官房領土・主権対策企画調整室参事官
令和 2 年 7 月	総務省大臣官房参事官 併：大臣官房総務課管理室長

総務省大臣官房会計課長 併：予算執行調査室長

藤　田　清太郎 （ふじた　せいたろう）

昭和42年10月 5 日生．大分県出身．
大分県立大分上野丘高校，早稲田大学政治経済学部

平成20年 7 月	独立行政法人情報通信研究機構パリ事務所長
平成23年 7 月	独立行政法人情報通信研究機構産業振興部門長
平成24年 7 月	金融庁総務企画局参事官 兼 郵便保険監督参事官
平成26年 7 月	内閣官房内閣参事官（内閣官房副長官補付）　命　内閣官房情報セキュリティセンター参事官
平成27年 1 月	内閣官房内閣参事官（内閣官房副長官補付）併任 内閣官房内閣サイバーセキュリティセンター
平成28年 6 月	総務省情報流通行政局地上放送課長
平成29年 7 月	独立行政法人郵便貯金・簡易生命保険管理機構保険部長
平成30年 7 月	総務省情報流通行政局郵政行政部郵便課長
令和元年 7 月	総務省情報流通行政局郵政行政部企画課長
令和 2 年 7 月	総務省大臣官房会計課長 併：予算執行調査室長

総務省大臣官房企画課長

望　月　明　雄（もちづき　あきお）

昭和42年11月20日生．茨城県出身．
京都大学法学部

平成 3 年 4 月	自治省入省
平成18年 4 月	総務省自治行政局合併推進課理事官
平成18年 5 月	総務省自治行政局市町村課理事官
平成19年 7 月	総務省自治行政局市町村課住民台帳企画官
平成20年 7 月	総務省自治行政局行政課行政企画官 兼 市町村課住民台帳専門官
平成20年 9 月	総務大臣秘書官事務取扱
平成21年 9 月	総務省大臣官房政策評価広報課企画官 兼 企画課企画官
平成22年 4 月	山形県健康福祉部長
平成23年 7 月	山形県総務部長
平成25年 4 月	総務省自治行政局住民制度課外国人住民基本台帳室長
平成26年 7 月	総務省大臣官房企画課個人番号企画室長
平成28年 6 月	内閣官房内閣参事官（内閣総務官室）命 内閣官房皇室典範改正準備室参事官
平成30年 7 月	総務省自治行政局市町村課長
令和元年 7 月	総務省大臣官房総務課長
令和 2 年 7 月	総務省大臣官房企画課長

総務省大臣官房政策評価広報課長 併任 政策立案支援室長

Director, Policy Evaluation and Public Relations Division, Minister's Secretariat

栗　田　奈央子 （くりた　なおこ）

昭和42年7月11日生．東京都出身．
早稲田大学法学部

平成 3 年 4 月	総理府政府広報室
平成10年 7 月	大蔵省理財局国有財産第二課課長補佐
平成18年10月	内閣府男女共同参画局調査課調査官
平成20年 7 月	内閣府賞勲局審査官
平成22年 7 月	内閣府官民競争入札等監理委員会事務局参事官
平成24年 9 月	総務省統計局統計調査部経済統計課長
平成26年 5 月	内閣官房内閣参事官（内閣人事局）
平成28年 6 月	総務省統計局統計調査部国勢統計課長
平成29年 4 月	総務省統計局統計調査部調査企画課長 併任 国勢統計課長
平成30年 8 月	内閣府男女共同参画局調査課長
平成30年 9 月	内閣府男女共同参画局総務課長
令和 2 年 8 月	総務省大臣官房政策評価広報課長 併任 政策立案支援室長

総務省大臣官房広報室長

Director of the Public Relations Office

原　　昌　史 （はら　まさのぶ）

平成 9 年 4 月	自治省入省
平成23年 4 月	総務省自治財政局交付税課長補佐
平成25年 4 月	総務省大臣官房秘書課長補佐
平成27年 7 月	愛媛県総務部長
平成28年 8 月	愛媛県副知事
令和元年 7 月	総務省大臣官房広報室長

総務省行政管理局長
Director-General of Administrative
Management Bureau

横　田　信　孝（よこた　のぶたか）

昭和38年 4 月19日生.　大阪府出身.
東京大学法学部

昭和62年 4 月	総理府入府
平成14年 7 月	総務省行政管理局企画調整課企画官
平成16年 7 月	総務省大臣官房付 併任 内閣官房内閣参事官心得（内閣官房副長官補付）命 内閣官房行政改革推進事務局行政委託型公益法人等改革推進室室員
平成17年 4 月	命 内閣官房行政改革推進事務局公益法人制度改革推進室室員
平成18年 7 月	総務省行政管理局管理官
平成20年 7 月	内閣官房内閣参事官（内閣総務官室）
平成22年 8 月	総務省人事・恩給局公務員高齢対策課長
平成23年 3 月	総務省人事・恩給局公務員高齢対策課長（併：内閣府参事官（政策統括官（防災担当）付 命：平成23年（2011年）東北地方太平洋沖地震緊急災害対策本部被災者生活支援特別対策本部員）
平成23年 8 月	総務省人事・恩給局公務員高齢対策課長（併：内閣官房内閣参事官（内閣官房副長官補付）命 内閣官房原子力安全規制組織等改革準備室参事官）
平成25年 6 月	総務省行政管理局企画調整課長
平成26年 7 月	内閣官房内閣参事官（内閣人事局）
平成27年 7 月	総務省大臣官房秘書課長
平成28年 6 月	内閣府大臣官房審議官（地方分権改革担当）併任 内閣府本府地方分権改革推進室次長 併任 内閣官房内閣審議官（内閣官房副長官補付）
平成29年 7 月	総務省大臣官房審議官（大臣官房調整部門、統計局、統計基準、統計情報戦略推進担当）命 統計改革実行推進室次長 併任 内閣官房統計改革推進室長
平成30年 7 月	総務省大臣官房政策立案総括審議官
令和元年 7 月	総務省政策統括官（統計基準担当）（恩給担当）命 統計改革実行推進室長 併任 内閣官房内閣審議官（内閣官房副長官補付）
令和 2 年 7 月	総務省行政管理局長

総務省大臣官房審議官（行政管理局担当）
Deputy Director-General of Minister's Secretariat

菅 原 　 希 （すがわら　のぞむ）

昭和42年5月21日生．岩手県出身．
東北大学法学部

平成2年4月	総務庁入庁
平成8年7月	郵政省放送行政局地上放送課課長補佐
平成9年6月	公害等調整委員会事務局総務課企画法規担当課長補佐
平成11年4月	総務庁行政管理局企画調整課課長補佐
平成12年8月	総務庁行政管理局副管理官
平成13年4月	静岡県企画部高度情報総室長
平成15年7月	総務省行政管理局副管理官
平成17年8月	総務省行政管理局企画調整課企画官
平成18年9月	行革担当大臣秘書官事務取扱
平成20年8月	総務省行政評価局評価監視官（独立行政法人第二、特殊法人等担当）
平成22年1月	総務省行政管理局管理官（情報担当）
平成22年7月	内閣官房情報通信技術担当室内閣参事官
平成23年7月	総務省行政管理局管理官（経済産業・国公委・法務等）
平成24年8月	総務省行政管理局管理官（業務・システム改革総括）
平成26年7月	総務省行政評価局評価監視官（財務、経済産業等担当）
平成27年7月	総務省行政評価局政策評価課長
平成28年4月	総務省行政評価局行政相談課長
平成29年7月	総務省行政評価局総務課長
平成30年7月	総務省大臣官房政策評価広報課長 併任 政策立案支援室長
令和元年7月	内閣府大臣官房審議官（地方分権改革担当）併任 内閣府本府地方分権改革推進室次長 併任 内閣官房内閣審議官（内閣官房副長官補付）
令和2年7月	総務省大臣官房審議官（行政管理局担当）

総務省行政管理局電子政府特別研究官

澤　田　稔　一（さわだ　としかず）

昭和34年 3 月13日生．高知県出身．
岡山大学理学部

昭和56年 4 月	行政管理庁入庁
平成22年 4 月	総務省行政管理局行政情報システム企画課情報システム企画官
平成23年 7 月	総務省行政管理局行政情報システム企画課情報システム管理室長
平成25年 4 月	総務省大臣官房付 併：内閣官房内閣参事官（内閣官房副長官補付）命 情報通信技術（IT）総合戦略室参事官
平成26年 8 月	命 内閣官房人事給与業務効率化検討室長
平成28年 6 月	総務省行政管理局行政情報システム企画課長 併：内閣官房内閣参事官（内閣官房副長官補付）命 内閣官房情報通信技術（ＩＴ）総合戦略室参事官 兼命 内閣官房人事給与業務効率化検討室長
平成29年 7 月	総務省大臣官房サイバーセキュリティ・情報化審議官
平成30年 7 月	総務省行政管理局電子政府特別研究官

総務省行政管理局企画調整課長
Director of the Planning and Coordination Division

七 條 浩 二（しちじょう　こうじ）

昭和43年12月20日生. 香川県出身.
一橋大学法学部

平成4年4月　総務庁入庁　平成11年2月　高知県警察本部生活安全部生活安全企画課長　平成13年1月　内閣府政策統括官（科学技術政策担当）付参事官（横断的事項検討担当）付参事官補佐　平成14年7月　総務省行政管理局副管理官　平成16年5月　総務省行政管理局行政情報システム企画課課長補佐　平成18年4月　神戸市行財政局財政部長　平成20年4月　総務省行政管理局行政情報システム企画官（内閣官房公文書管理検討室併任）　平成20年7月　総務省行政管理局個人情報保護室長（内閣官房公文書管理検討室併任）　平成22年10月　兼 内閣官房情報公開法改正準備室　平成24年9月　内閣府地域主権戦略室参事官　平成25年1月　内閣府地方分権改革推進室参事官　平成26年7月　厚生労働省社会・援護局援護課長　平成27年4月　厚生労働省社会・援護局援護・業務課長　平成28年6月　内閣官房行政改革推進本部事務局参事官　平成29年7月　内閣官房内閣参事官（内閣人事局）併任 総務省行政管理局管理官（内閣・内閣府・総務・財務・金融等）　平成30年7月　内閣官房内閣参事官（内閣人事局）　令和2年7月　総務省行政管理局企画調整課長

総務省行政管理局行政情報システム企画課長
Director of the Government Information Systems Planning Division

奥 田 直 彦（おくだ　なおひこ）

昭和44年8月17日生. 徳島県出身. O型
徳島市立高等学校, 東京大学教養学部

平成6年4月　総務庁入庁
平成20年4月　総務省統計局総務課課長補佐
平成22年7月　総務省統計局総務課調査官
平成25年4月　兼 総務省統計局統計情報システム課長事務代理
平成26年7月　総務省統計局統計情報システム課長
平成27年7月　総務省行政管理局管理官（政府情報システム基盤等）併任 行政管理局行政情報システム企画課
平成28年6月　内閣官房内閣参事官（内閣官房副長官補付）命 内閣官房情報通信技術（IT）総合戦略室参事官
令和元年8月　総務省行政管理局行政情報システム企画課長 併任 内閣官房内閣副長官補付 命 内閣官房情報通信技術（IT）総合戦略推進室参事官

総務省行政管理局管理官（特殊法人総括・独法制度総括、外務）
Director for Management

久　山　淳　爾（くやま　じゅんじ）

昭和51年1月23日生．岡山県出身．
大阪大学法学部，
ケンブリッジ大学大学院

平成12年4月	大蔵省入省
平成18年7月	金融庁総務企画局企画課課長補佐
平成19年7月	金融庁検査局総務課 兼 総務企画局国際室課長補佐
平成21年7月	財務省国際局調査課課長補佐
平成22年6月	外務省在ベトナム日本国大使館一等書記官
平成25年7月	財務省国際局為替市場課課長補佐
平成27年7月	財務省理財局計画官補佐（内閣・財務係担当）
平成28年6月	財務省理財局財政投融資総括課企画調整室長
平成29年7月	財務省理財局総務課政策調整室長
平成30年7月	徳島県保健福祉部長
令和元年5月	徳島県経営戦略部長
令和2年7月	内閣官房内閣参事官（内閣人事局）併任 総務省行政管理局管理官（特殊法人総括・独法制度総括、外務）

総務省行政管理局管理官（独法評価総括）
Director for Management

山　本　宏　樹（やまもと　ひろき）

令和元年9月	総務省大臣官房参事官 併任 行政管理局管理官 併任 行政管理局企画調整課
令和2年7月	総務省行政管理局管理官（独法評価総括）

総務省行政管理局管理官（行政通則法）
Director for Management

総務省行政管理局管理官（政府情報システム基盤、行政情報システム総括）併任 行政管理局行政情報システム企画課 併任 内閣官房副長官補付 命 内閣官房情報通信技術（IT）総合戦略室参事官
Director for Management

西 澤 能 之（にしざわ　たかゆき）

昭和47年9月16日生．福井県出身．
京都大学法学部

平成8年4月	総理府入府　平成15年4月　鳥取市企画推進部長
平成18年4月	総務省人事・恩給局参事官補佐
平成19年7月	併任 内閣官房副長官補付 命 内閣官房行政改革推進室室員 併任 行政改革推進本部事務局局員
平成20年4月	総務省行政管理局副管理官
平成25年6月	総務省人事・恩給局企画官 併任 大臣官房秘書課長補佐 併任 大臣官房秘書課人事専門官
平成26年9月	総務大臣秘書官事務取扱
平成29年8月	内閣官房内閣人事局企画官
令和30年7月	内閣官房内閣参事官（内閣人事局）
令和2年7月	総務省行政管理局管理官（政府情報システム基盤、行政情報システム総括）併任 行政管理局行政情報システム企画課 併任 内閣官房副長官補付 命 内閣官房情報通信技術（IT）総合戦略室参事官

総務省行政管理局管理官（内閣・内閣府・個人情報保護委員会・金融・総務・公調委・財務等）

Director for Management

山 村 和 也（やまむら　かずや）

昭和48年3月24日生. 北海道出身.
中央大学法学部

平成7年4月　総理府入府　平成14年8月　総務省総合通信局電波部移動通信課課長補佐　平成15年9月　総務省大臣官房秘書課秘書専門官（大臣政務官付）　平成17年11月　総務省統計局調査部国勢統計課課長補佐 併任 内閣府本府統計制度改革検討室（〜18年7月）併任 総務省政策統括官付統計企画管理官付　平成20年4月　総務省人事・恩給局総務課課長補佐　平成21年7月　併任 内閣官房副長官補付 命 内閣官房行政改革推進室室員 併任 国家公務員制度改革推進本部事務局局員　平成23年9月　総務大臣秘書官事務取扱 併任 川端国務大臣秘書官事務取扱　平成24年10月　総務省人事・恩給局公務員高齢対策課企画官　平成25年6月　総務省人事・恩給局総務課企画官　平成26年5月　内閣官房内閣人事局企画官　平成27年8月　総務省大臣官房付 併任 内閣官房副長官補付企画官 命 内閣官房行政改革推進本部事務局企画官　平成28年4月　併任 内閣官房内閣参事官（内閣官房副長官補付）命 内閣官房行政改革推進本部事務局参事官　平成29年7月　内閣官房内閣参事官（内閣人事局）　令和2年7月　内閣官房内閣参事官（内閣人事局）併任 総務省行政管理局管理官（内閣・内閣府・個人情報保護委員会・金融・総務・公調委・財務等）

総務省行政管理局管理官（消費者・経済産業・環境・国公委・法務等）

Director for Management

鳥 海 貴 之（とりうみ　たかゆき）

昭和46年8月8日生. 埼玉県出身.
東京大学法学部

平成6年4月	農林水産省入省
平成22年9月	農林水産省大臣官房政策課調査官
平成23年9月	農林水産省大臣官房政策課上席企画官
平成24年6月	農林水産省大臣官房政策課調査官兼農林水産大臣秘書官事務取扱
平成24年12月	農林水産省生産局総務課国際室長
平成26年4月	北海道農政部生産振興局長
平成27年4月	北海道農政部農業経営局長
平成29年7月	農林水産省政策統括官付地域作物課長
平成30年7月	林野庁国有林野部管理課長
令和2年8月	内閣官房内閣参事官（内閣人事局）併任 総務省行政管理局管理官（消費者・経済産業・環境・国公委・法務等）

総務省行政管理局管理官（文部科学・農水・防衛・公取委等）
Director for Management

志　田　文　毅（しだ　ふみたか）

昭和46年11月19日生．福島県出身．
東京大学法学部

平成６年４月　自治省入省　平成16年４月　徳島県企画総務部財政課長　平成18年４月　総務省自治行政局地域振興課過疎対策室課長補佐　平成19年４月　総務省消防庁国民保護・防災部防災課災害対策官　併任　防災課課長補佐　平成20年４月　北海道企画振興部地域主権局参事（道州制グループ）　平成21年４月　北海道総務部財政局財政課長　平成22年４月　北海道総務部財政局財政課財政企画担当局長　平成23年11月　総務省大臣官房付　併任　内閣府企画官（政策統括官（防災担当）付参事官（総括担当）付）　平成24年７月　内閣府企画官（政策統括官（防災担当）付参事官（総括担当）付）命　平成23年（2011年）東北地方太平洋沖地震緊急災害対策本部被災者生活支援チーム事務局企画官　平成25年７月　総務省自治行政局選挙部政治資金課政党助成室長　平成26年７月　京都府総務部長　平成29年７月　内閣官房内閣参事官　令和元年８月　総務省行政管理局管理官（農水・防衛・公取委等）併任　内閣官房内閣参事官（内閣人事局）　令和２年７月　総務省行政管理局管理官（文部科学・農水・防衛・公取委等）併任　内閣官房内閣参事官（内閣人事局）

総務省行政管理局管理官（国土交通・復興・カジノ管理委員会等）
Director for Management

小　野　雄　大（おの　たけひろ）

平成27年10月	厚生労働省大臣官房総務課企画官（医薬・生活衛生局総務課医薬品副作用被害対策室長併任）
平成28年４月	宮内庁侍従
平成31年４月	厚生労働省健康局健康課受動喫煙対策推進官（総務課原子爆弾被害者援護対策室長　併任）
令和２年８月	内閣官房内閣参事官（内閣人事局）併任　総務省行政管理局管理官（国土交通・復興・カジノ管理委員会等）

総務省行政管理局管理官（厚生労働・宮内等）
Director for Management

栗 原　　淳（くりばら　あつし）

昭和46年２月１日生．早稲田大学法学部，
早稲田大学大学院法学研究科（修士課程中退）

平成８年４月　総務庁入庁　平成15年１月　経済産業省商務情報政策局情報通信機器課長補佐　平成16年７月　内閣官房行政改革推進事務局参事官補佐　平成18年６月　総務省行政評価局上席評価監視調査官　平成19年４月　内閣官房行政改革推進事務局参事官補佐　平成19年７月　総務省行政評価局年金記録確認中央第三者委員会事務局上席調査員　平成21年７月　総務省行政管理局副管理官（宮内庁・経済産業省・環境省担当）　平成22年８月　総務省行政管理局副管理官（農林水産省担当）　平成23年１月　総務大臣秘書官事務取扱　平成23年７月　総務省行政管理局行政情報システム企画課課長補佐　平成23年12月　内閣府地域主権戦略室参事官補佐　平成24年８月　総務省大臣官房秘書課長補佐　併任 大臣官房秘書課人事専門官　平成25年６月　併任 行政管理局調査官　平成26年１月　特定個人情報保護委員会事務局総務課企画官　平成28年７月　総務省行政管理局企画官 併任 個人情報保護委員会事務局総務課企画官　平成29年７月　総務省行政管理局管理官（独法評価総括）　平成31年１月　総務省行政管理局管理官（厚生労働・文部科学・宮内等）併任 内閣官房内閣参事官（内閣人事局）　令和２年７月　総務省行政管理局管理官（厚生労働・宮内等）併任 内閣官房内閣参事官（内閣人事局）

パンデミック発生時の情報伝達力の推移（スペイン風邪流行時を１とした場合）

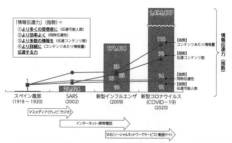

（出典）デロイト トーマツ コンサルティング合同会社（2020）「1世紀で150万倍に増大した情報伝達力～ 情報の急速な伝染「インフォデミック」とは」

総務省行政評価局長

白　岩　　俊（しらいわ　すぐる）

昭和39年 2 月 7 日生．神奈川県出身．
東京大学法学部

昭和61年 4 月	総理府入府
平成15年 9 月	総務省行政管理局企画調整課行政手続室長
平成17年 8 月	静岡県総務部長
平成19年 4 月	総務省行政評価局評価監視官（独立行政法人第一担当）（併：内閣官房内閣参事官（内閣官房副長官補付）併：行政改革推進本部事務局局員）
平成21年 7 月	総務省行政評価局行政相談課長 併任年金記録確認中央第三者委員会事務室 首席主任調査員
平成24年 8 月	総務省統計企画管理官
平成25年 6 月	総務省行政評価局総務課長 併任年金記録確認中央第三者委員会事務室次長
平成27年 7 月	総務省関東管区行政評価局長
平成28年 6 月	内閣官房内閣審議官（内閣官房副長官補付）命 内閣官房行政改革推進本部事務局次長
平成30年 7 月	総務省大臣官房審議官（行政評価局担当）併任 財務省大臣官房審議官（大臣官房担当）
令和元年 7 月	総務省行政評価局長

総務省大臣官房審議官（行政評価局担当）併任 財務省大臣官房審議官
（大臣官房担当）

米　澤　俊　介（よねざわ　しゅんすけ）

昭和39年3月9日生. 静岡県出身.
東北大学法学部

昭和62年4月	総理府入府
平成15年4月	愛知県企画振興部次長
平成17年8月	総務省行政評価局評価監視官
平成19年4月	総務省大臣官房特別基金事業推進室長
平成21年7月	農林水産省大臣官房参事官（兼　農村振興局）
平成23年7月	総務省公害等調整委員会事務局総務課長
平成25年7月	内閣府地方分権改革推進室参事官
平成27年7月	内閣府公益認定等委員会事務局次長
平成28年6月	総務省東北管区行政評価局長
平成30年7月	総務省中国四国管区行政評価局長
令和元年7月	内閣府公益認定等委員会事務局長 併任 内閣府大臣官房公益法人行政担当室長
令和2年8月	総務省大臣官房審議官（行政評価局担当）併任 財務省大臣官房審議官（大臣官房担当）

総務省大臣官房審議官（行政評価局担当）

佐々木　　　淳（ささき　じゅん）

昭和36年2月20日生．岩手県出身．
宇都宮大学農学部

昭和60年4月　総務庁入庁
平成24年8月　総務省行政評価局調査官
平成26年4月　総務省行政評価局総務課評価監視企画官
平成26年5月　総務省行政評価局総務課企画官
平成28年6月　総務省大臣官房秘書課調査官
平成30年7月　総務省行政評価局企画課長
令和2年7月　総務省大臣官房審議官（行政評価局担当）

総務省行政評価局総務課長

砂 山　裕（すなやま　ゆたか）

昭和45年3月14日生. 群馬県出身.
早稲田大学法学部, 米ハーバード大学公共政策修士

平成4年4月　総理府・総務庁採用　平成13年1月　総務省行政評価局評価監視調査官（政策評価官室）　平成13年7月　併任 行政評価局総務課　平成14年7月併任 行政評価局総務課政策評価審議室　平成14年10月　総務省行政評価局総務課政策評価審議室課長補佐　平成15年1月　総務省行政評価局総務課課長補佐　平成15年7月　財務省主計局調査課課長補佐　平成16年7月　財務省主計局主計官補佐（文部科学第五係主査）　平成17年7月　総務省行政評価局評価監視調査官（独立行政法人評価担当）　平成17年8月　総務省行政評価局総括評価監視調査官（独立行政法人評価担当）　平成19年8月　総務省大臣官房秘書課課長補佐 併任人事専門官　平成20年7月　総務省人事・恩給局総務課企画官　平成21年9月総務省行政管理局調査官 併任 内閣官房 命 国務大臣秘書官事務取扱　平成23年9月　総務省行政評価局評価監視官（国土交通担当）　平成24年7月　外務省在ジュネーブ国際機関日本政府代表部参事官　平成27年8月　内閣官房内閣参事官（内閣人事局）（併）総務省行政管理局管理官（内閣・内閣府・総務・公調委・金融・財務等）　平成29年7月　総務省行政評価局評価監視官（総務、環境、行政運営効率化等担当）　平成30年7月　総務省行政評価局政策評価課長　令和元年7月　総務省行政評価局行政相談企画課長　令和2年7月　総務省行政評価局総務課長

主要論文 「国の行政機関におけるEBPMの取組実例の研究－現状と課題－」（日本評価学会『日本評価研究』第20巻第2号、2020年）

総務省行政評価局企画課長

原 嶋 清 次（はらしま　きよつぐ）

昭和44年1月1日生. 東京都出身.
早稲田大学教育学部

平成5年4月	総務庁入庁
平成18年7月	内閣法制局第一部参事官補
平成21年7月	行政改革推進本部事務局企画官
平成23年4月	内閣官房被災地復興に関する法案等準備室企画官
平成23年7月	総務省行政評価局調査官
平成24年9月	総務省行政評価局総務課企画官
平成25年6月	総務省大臣官房企画課企画官 兼 情報システム室長
平成26年4月	公害等調整委員会事務局審査官
平成28年6月	総務省行政評価局評価監視官（財務、文部科学等担当）
平成29年7月	総務省行政評価局行政相談課長
平成29年10月	総務省行政評価局行政相談企画課長
令和元年7月	総務省大臣官房参事官 併任 総務課公文書監理室長 併任公害等調整委員会事務局 併任 消防庁長官付
令和2年7月	総務省行政評価局企画課長

総務省行政評価局政策評価課長 併任 行政評価局（連携調査、環境等担当）

辻　　　寛　起（つじ　ひろおき）

昭和47年8月7日生．奈良県出身．
東大寺学園，東京大学法学部

平成9年4月	総務庁入庁
平成19年4月	内閣府地方分権改革推進委員会事務局参事官補佐
平成21年7月	財務省主計局調査課長補佐
平成22年7月	財務省主計局主計官補佐（経済協力第二係）
平成23年7月	総務省行政管理局副管理官
平成25年6月	総務省行政管理局企画官
平成26年5月	内閣官房内閣人事局企画官
平成27年7月	総務省行政管理局企画調整課企画官
平成28年8月	内閣官房内閣人事局企画官
平成29年8月	総務大臣秘書官事務取扱
平成30年10月	総務省行政管理局企画調整課企画官
平成31年1月	総務省行政管理局管理官（独法評価総括）
令和2年7月	総務省行政評価局政策評価課長
令和2年10月	併任 総務省行政評価局（連携調査、環境等担当）

総務省行政評価局行政相談企画課長

大　槻　大　輔（おおつき　だいすけ）

昭和44年10月27日生．京都府出身．
東京大学文学部

平成5年4月	総務庁入庁
平成18年1月	総務省行政評価局総括評価監視調査官
平成20年7月	千葉県山武市副市長
平成22年7月	総務省行政管理局企画調整課行政手続・制度調査室長
平成24年9月	総務省自治行政局地域自立応援課人材力活性化・連携交流室長
平成26年7月	総務省行政管理局管理官（行政通則法）
平成28年6月	内閣府参事官（市場システム担当）（政策統括官（経済社会システム担当）付）併任 内閣府本府規制改革推進室参事官
平成29年7月	総務省行政評価局政策評価課長
平成30年7月	総務省行政評価局評価監視官（内閣、総務等担当）
令和元年8月	総務省公害等調整委員会事務局総務課長 命公害等調整委員会事務局人事管理官
令和2年7月	総務省行政評価局行政相談企画課長

総務省行政評価局評価監視官（内閣、総務等担当）
Director for Evaluation and Inspection

花 井 光 （はない　ひかる）

昭和37年2月17日生．千葉県出身．
千葉県立千葉東高等学校，中央大学法学部

平成3年4月	総務庁入庁
平成20年7月	総務省大臣官房秘書課課長補佐 兼 コンプライアンス室
平成26年1月	総務省行政管理局副管理官
平成26年5月	内閣官房内閣人事局参事官補佐
平成28年4月	総務省大臣官房秘書課課長補佐 兼 コンプライアンス室
平成29年4月	総務省行政評価局調査官
平成31年4月	兼 大臣官房秘書課
令和元年7月	総務省行政評価局企画課企画官 兼 大臣官房秘書課
令和元年8月	総務省大臣官房秘書課調査官
令和2年4月	兼 コンプライアンス室次長
令和2年7月	総務省行政評価局評価監視官（内閣、総務等担当）

総務省行政評価局評価監視官（法務、外務、経済産業等担当）
Director for Evaluation and Inspection

野 竹 司 郎 （のたけ　しろう）

昭和45年7月9日生．千葉県出身．
早稲田大学教育学部

平成6年4月	総理府・総務庁採用
平成25年6月	総務省行政評価局調査官（客観性担保評価担当）
平成26年7月	総務省自治行政局地域自立応援課人材力活性化・連携交流室長
平成28年4月	総務省行政不服審査会事務局審査官
平成30年7月	厚生労働省社会・援護局援護・業務課長
令和2年7月	総務省行政評価局評価監視官（法務、外務、経済産業等担当）

総務省行政評価局評価監視官（財務、文部科学等担当）
Director for Evaluation and Inspection

中 井 幹 晴（なかい　みきはる）

昭和44年11月12日生．大阪府出身．A型
大阪教育大学教育学部附属高等学校天王寺校舎，東京大学法学部，
東京大学大学院法学政治学研究科

行政評価局

平成 4 年 4 月　　自治省入省　平成13年 1 月　　総務省官房秘書課秘書専門官　平成14年 1 月　　総務省消防庁防災課災害対策官 兼 防災課長補佐
平成14年 7 月　　京都府総務部地方課長　平成16年 7 月　　総務省自治税務局都道府県税課長補佐　平成17年 4 月　　徳島県吉野川市助役
平成19年 4 月　　総務省自治行政局合併推進課行政体制整備室理事官 兼合併推進課理事官 兼 市町村課本人確認情報保護専門官
平成20年 7 月　　防衛省防衛政策局防衛政策課防衛部員
平成22年 7 月　　静岡市財政局長
平成25年 4 月　　日本司法支援センター本部第一事業部情報提供課長
平成27年 4 月　　総務省消防庁国民保護・防災部防災課広域応援室長
平成28年 6 月　　総務省自治行政局地域自立応援課過疎対策室長 併任 大臣官房総務課復旧復興支援室長
平成29年 7 月　　総務省行政管理局管理官（農水・防衛・公取委等）
令和元年 8 月　　総務省行政評価局評価監視官（財務、文部科学等担当）

総務省行政評価局評価監視官（農林水産、防衛担当）
Director for Evaluation and Inspection

岡 本 成 男（おかもと　しげお）

昭和46年10月 2 日生．広島県出身．
早稲田大学政治経済学部

平成 7 年 4 月　　郵政省入省
平成23年 9 月　　総務省九州総合通信局放送部長
平成24年 8 月　　総務省情報流通行政局放送政策課企画官
平成26年 7 月　　独立行政法人情報通信研究機構欧州連携センター長
平成29年 7 月　　総務省情報通信国際戦略局情報通信政策課調査官
平成30年 7 月　　総務省情報流通行政局情報通信作品振興課放送コンテンツ海外流通推進室長
令和元年 7 月　　内閣官房内閣参事官（内閣広報室）併任 内閣官房副長官補付
令和 2 年 7 月　　総務省行政評価局評価監視官（農林水産、防衛担当）

総務省行政評価局評価監視官（厚生労働等担当）
Director for Evaluation and Inspection

安 仲 陽 一（やすなか　よういち）

昭和40年12月6日生．大分県出身．
九州大学法学部

平成元年4月　　総務庁入庁（九州管区行政監察局）
平成21年7月　　総務省行政評価局評価監視調査官
平成23年7月　　総務省行政評価局総務課長補佐
平成24年7月　　総務省行政管理局副管理官
平成26年7月　　総務省行政評価局評価監視調査官
平成27年4月　　総務省行政評価局総括評価監視調査官
平成28年4月　　総務省行政評価局調査官 兼 総括評価監視調査官
平成30年7月　　総務省行政評価局総務課企画官
令和2年4月　　総務省行政評価局評価監視官（厚生労働等担当）（復興、
　　　　　　　　国土交通担当）
令和2年7月　　評価監視官（復興、国土交通担当）の併任解除

総務省行政評価局評価監視官（復興、国土交通担当）
Director for Evaluation and Inspection

黒 田 忠 司（くろだ　ただし）

昭和46年11月15日生．三重県出身．
京都大学法学部

平成7年4月　　総務庁入庁
平成26年7月　　船橋市副市長
平成28年7月　　総務省行政管理局管理官（独法評価総括）
平成29年7月　　総務省行政管理局管理官（政府情報システム基盤、行政
　　　　　　　　情報システム総括）併任 行政管理局行政情報システム企
　　　　　　　　画課
令和元年8月　　併任 内閣官房副長官補付 命 内閣官房情報通信技術（Ｉ
　　　　　　　　Ｔ）総合戦略推進室参事官
令和2年7月　　総務省行政評価局評価監視官（復興、国土交通担当）

総務省行政評価局評価監視官 併任 内閣官房内閣参事官（内閣官房副長官補付）

Director for Evaluation and Inspection

徳 満 純 一（とくみつ　じゅんいち）

昭和48年12月10日生．広島県出身．
東京大学法学部

平成 9 年 4 月	総務庁入庁
平成24年 8 月	総務省行政評価局総務課課長補佐
平成25年 6 月	総務省行政評価局調査官
平成26年 4 月	総務省大臣官房企画課企画官 併任 情報システム室長
平成26年 9 月	国務大臣秘書官事務取扱
平成27年10月	内閣官房内閣人事局企画官
平成28年 8 月	総務省行政評価局総務課企画官
平成30年 7 月	総務省行政不服審査会事務局審査官
令和 2 年 8 月	総務省行政評価局評価監視官（連携調査、環境等担当）
令和 2 年 9 月	併任 内閣官房内閣参事官（内閣官房副長官補付）

総務省行政評価局行政相談管理官

飯 塚 雅 夫（いいつか　まさお）

昭和37年 4 月12日生．茨城県出身．
茨城大学人文社会学部社会科学学科

昭和61年 4 月	総務庁入庁（関東管区行政監察局）
平成22年 1 月	総務省行政管理局副管理官
平成25年 6 月	総務省行政評価局調査官（財務、経済産業等担当）
平成27年 4 月	総務省行政評価局政策評価課客観性担保評価推進室長
平成30年 4 月	総務省関東管区行政評価局地域総括評価官
平成31年 4 月	総務省行政評価局行政相談管理官

総務省自治行政局長
Director-General of the Local Administration
Bureau

髙 原　　剛（たかはら　つよし）

昭和36年 5 月 9 日生．岡山県出身．
京都大学法学部

昭和59年 4 月	自治省行政局公務員部給与課 兼 大臣官房総務課
昭和59年 7 月	滋賀県税務課
昭和60年 4 月	滋賀県企画調整課
昭和61年 4 月	消防庁危険物規制課
昭和62年 7 月	自治省行政局公務員部公務員第二課
平成元年 4 月	宮崎県行政管理監
平成 2 年 4 月	宮崎県税務課長
平成 3 年 4 月	宮崎県財政課長
平成 5 年 4 月	総務庁人事局参事官補佐
平成 7 年 5 月	自治省大臣官房総務課課長補佐（国土庁防災局 併任）
平成 7 年 8 月	自治省行政局公務員部福利課課長補佐
平成 9 年 4 月	自治省財政局指導課課長補佐
平成10年 4 月	神戸市財政部長
平成12年 4 月	自治省大臣官房総務課理事官（兼 行政局振興課理事官）
平成13年 1 月	総務省自治行政局市町村課住民台帳企画官
平成16年 4 月	長崎県総務部長
平成19年 4 月	全国市町村職員共済組合連合会事務局長
平成20年11月	総務省自治行政局合併推進課長
平成21年 7 月	総務省自治行政局公務員部福利課長
平成23年 7 月	総務省自治行政局住民制度課長
平成24年 9 月	地方自治情報センター統括研究員（電子自治体企画担当）
平成25年 4 月	岐阜県副知事
平成27年 4 月	内閣官房内閣審議官（内閣官房副長官補付）命 2020年オリンピック・パラリンピック東京大会推進室長代理
平成27年 6 月	内閣官房内閣審議官（内閣官房副長官補付）命 内閣官房東京オリンピック競技大会・東京パラリンピック競技大会推進本部事務局企画・推進統括官
平成28年 6 月	総務省自治行政局公務員部長
平成29年 7 月	地方公共団体情報システム機構副理事長
令和元年 7 月	総務省自治行政局長

**総務省大臣官房審議官（地方行政・個人番号制
度、地方公務員制度、選挙担当）**
Deputy Director-General of Minister's
Secretariat

阿 部 知 明（あべ　ともあき）

昭和43年1月17日生．大阪府出身．
京都大学法学部

平成2年4月	自治省大臣官房企画室
平成2年7月	鳥取県地方課
平成4年4月	国土庁計画・調整局総務課
平成5年4月	自治省税務局市町村税課
平成7年1月	自治省大臣官房総務課主査 兼 自治大学校
平成7年6月	外務省在ジョルダン日本国大使館二等書記官
平成10年4月	公宮企業金融公庫総務部調査役
平成11年4月	福岡県国際経済観光課長
平成14年4月	福岡県消防防災課長
平成15年4月	総務省自治行政局過疎対策室課長補佐 併任 地域情報政策室課長補佐
平成15年10月	総務省自治行政局国際室課長補佐 併任 自治政策課課長補佐
平成16年7月	総務省自治行政局合併推進課課長補佐
平成17年4月	総務省自治行政局市町村課理事官 併任 合併推進課理事官
平成18年5月	総務省自治行政局公務員部公務員課理事官
平成19年7月	札幌市財政局長
平成22年8月	総務省自治行政局行政経営支援室長
平成23年4月	総務省自治行政局外国人住民基本台帳室長
平成23年8月	内閣官房社会保障改革担当室参事官
平成25年6月	併任 内閣府大臣官房番号制度担当室参事官
平成26年1月	併任 特定個人情報保護委員会事務局（28.1 より個人情報保護委員会）
平成28年7月	総務省自治行政局住民制度課長
令和元年7月	総務省自治行政局行政課長
令和2年7月	総務省大臣官房審議官（地方行政・個人番号制度、地方公務員制度、選挙担当）

自治行政局

総務省大臣官房審議官（新型コロナウイルス感染症対策・地域振興担当）併任 内閣官房副長官補付 命 内閣官房就職氷河期世代支援推進室次長

黒 瀬 敏 文（くろせ　としふみ）

昭和42年1月29日生．東京都出身．
栄光学園高等学校，東京大学法学部，仏国立国際行政学院

平成 2 年 4 月	自治省入省
平成 7 年 7 月	大阪府池田市企画部長
平成 9 年 4 月	国土庁土地局土地政策課課長補佐
平成11年 7 月	高知県総務部財政課長
平成14年 4 月	総務省自治財政局調整課課長補佐
平成17年 1 月	総務省大臣官房秘書課課長補佐
平成19年 3 月	内閣官房副長官秘書官
平成21年 4 月	京都府府民生活部長
平成22年 5 月	京都府総務部長
平成24年 4 月	総務省自治行政局選挙部政治資金課政治資金課政党助成室長 兼 大臣官房総務課復旧復興支援室長
平成24年 6 月	自治体国際化協会パリ事務所長
平成26年 7 月	自治体国際化協会事務局長
平成27年 7 月	総務省自治行政局地域自立応援課長
平成28年 6 月	総務省自治税務局固定資産税課長
平成30年 7 月	総務省自治行政局選挙部選挙課長
令和 2 年 5 月	内閣官房内閣審議官（内閣官房副長官補付）
令和 2 年 7 月	総務省大臣官房審議官（新型コロナウイルス感染症対策・地域振興担当）併任 内閣官房副長官補付 命 内閣官房就職氷河期世代支援推進室次長

総務省自治行政局行政課長
Director of the Local Administration Division

小　川　康　則（おがわ　やすのり）

昭和43年6月10日生．岐阜県出身．
岐阜県立岐阜高校，東京大学法学部

平成3年4月	自治省入省（行政局公務員部公務員課 兼 大臣官房総務課）
平成14年7月	総務省大臣官房総務課課長補佐
平成15年4月	内閣府参事官補佐（政策統括官（経済財政-運営担当）付参事官（予算編成の基本方針担当）付）
平成16年7月	総務省自治行政局行政課課長補佐
平成18年4月	総務省自治行政局行政課理事官
平成19年4月	総務省大臣官房秘書課課長補佐
平成20年7月	総務省大臣官房秘書課企画官
平成21年4月	岡山県総務部長
平成23年4月	総務省自治行政局行政経営支援室長
平成26年7月	総務省大臣官房広報室長
平成28年6月	総務省自治行政局市町村課長
平成29年8月	総務省大臣官房参事官（大臣室担当）
令和元年7月	総務省自治行政局公務員部公務員課長
令和2年7月	総務省自治行政局行政課長

自治行政局

総務省自治行政局住民制度課長

三　橋　一　彦（みはし　かずひこ）

昭和44年4月14日生．鳥取県出身．
東京大学法学部

平成4年4月　自治省入省　平成15年4月　総務省自治行政局合併推進課行政体制整備室課長補佐 兼 合併推進課長補佐　平成16年7月　総務省自治行政局公務員部公務員課給与能率推進室課長補佐 兼 公務員部公務員課長補佐　平成18年8月　総務省自治財政局財務調査課長補佐　平成19年4月　総務省自治財政局財務調査課理事官　平成20年4月　鹿児島県総務部次長 兼 財政課長　平成21年4月　鹿児島県総務部次長

平成22年4月	鹿児島県総務部長
平成23年7月	内閣府地域主権戦略室企画官 兼 参事官事務代理 兼 地域自主戦略交付金業務室企画官
平成25年2月	総務省自治行政局公務員部公務員課給与能率推進室長
平成27年7月	内閣官房内閣参事官（内閣官房副長官補付）命 内閣官房社会保障改革担当室参事官 併任 内閣府大臣官房番号制度担当室参事官
平成29年1月	内閣官房内閣参事官（内閣官房副長官補付）命 内閣官房番号制度推進室参事官 併任 内閣府大臣官房番号制度担当室参事官
令和元年7月	総務省自治行政局住民制度課長

総務省自治行政局市町村課長

植 田 昌 也（うえだ　まさや）

昭和47年10月12日生．大阪府出身．
東京大学法学部

平成 7 年 4 月	自治省入省
平成18年 4 月	総務省大臣官房秘書課課長補佐 併任 自治財政局財務調査課課長補佐
平成19年 7 月	外務省在ニューヨーク日本国総領事館領事
平成22年 8 月	総務省自治行政局住民制度課理事官
平成23年 4 月	総務省自治行政局行政課理事官
平成24年11月	総務省自治行政局行政課行政企画官
平成25年 7 月	愛知県地域振興部企画調整監
平成26年 4 月	愛知県地域振興部長
平成27年 4 月	愛知県振興部長
平成29年 7 月	総務省自治行政局行政経営支援室長
平成30年 7 月	併任 自治行政局行政課2040戦略室長
令和 2 年 7 月	総務省自治行政局市町村課長

第 1 回調査結果例「新型コロナ感染予防のためにしていること（複数回答）」

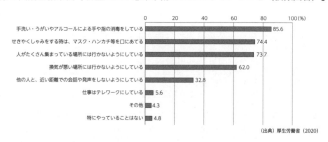

（出典）厚生労働省（2020）

総務省大臣官房地域力創造審議官
Director-General for Regional Vitalization

大 村 慎 一 （おおむら　しんいち）

昭和38年 8 月生．静岡県出身．
静岡県立静岡高校，東京大学経済学部

自治行政局

昭和62年 4 月	自治省入省（税務局企画課）
昭和62年 7 月	鳥取県地方課
平成元年 4 月	自治大学校研究部
平成 2 年 6 月	自治省財政局地方債課
平成 4 年 4 月	札幌市調整課長
平成 6 年 4 月	岐阜県企画調整課長
平成 7 年 8 月	岐阜県財政課長
平成10年 4 月	自治省税務局府県税課課長補佐
平成10年 7 月	内閣官房副長官秘書官
平成12年 7 月	自治省財政局財政課課長補佐
平成13年 1 月	総務省自治財政局財政課課長補佐
平成13年 4 月	総務省自治財政局調整課課長補佐
平成14年 1 月	総務省自治財政局調整課理事官
平成14年 4 月	北九州市財政局長
平成17年 4 月	総務省大臣官房企画課企画官
平成18年 7 月	総務省大臣官房広報室長
平成20年 7 月	総務省自治税務局都道府県税課税務管理官
平成21年 4 月	静岡県総務部長
平成22年 1 月	静岡県副知事
平成24年 1 月	総務省大臣官房付 兼 内閣府地域主権戦略室参事官
平成24年 9 月	内閣官房副長官補付内閣参事官
平成25年10月	兼 内閣官房2020年オリンピック・パラリンピック東京大会推進室参事官
平成26年 7 月	総務省自治財政局公営企業課長
平成27年 7 月	総務省大臣官房参事官（秘書課担当）
平成29年 7 月	内閣官房内閣審議官 兼 内閣府地方分権改革推進室次長
平成30年 7 月	総務省消防庁国民保護・防災部長
平成30年11月	総務省自治行政局公務員部長
令和 2 年 7 月	総務省大臣官房地域力創造審議官

総務省自治行政局地域政策課長

足 達 雅 英 （あだち　まさひで）

昭和43年12月27日生．神奈川県出身．
東京大学法学部

平成 4 年 4 月	自治省入省
平成17年 4 月	宮城県総務部財政課長
平成18年 4 月	総務省消防庁国民保護・防災部防災課災害対策官
平成19年 4 月	総務省自治行政局自治政策課理事官
平成20年 4 月	秋田県総務企画部次長
平成21年 5 月	秋田県総務企画部長
平成22年 4 月	秋田県総務部長
平成23年 7 月	自治体国際化協会シンガポール事務所長
平成27年 7 月	総務省大臣官房企画官 兼 参事官 兼 自治財政局財政課復興特別交付税室長
平成28年 4 月	内閣官房内閣参事官 兼 拉致問題対策本部事務局総務・拉致被害者等支援室長
平成30年 7 月	ラグビーワールドカップ2019組織委員会地方公共団体担当総括 兼 開催都市業務局長
令和 2 年 1 月	総務省自治行政局地域政策課長

総務省自治行政局地域自立応援課長

角 田 秀 夫 （つのだ　ひでお）

昭和36年 7 月27日生．群馬県出身．
早稲田大学政治経済学部

昭和60年 4 月	群馬県入庁
昭和62年 3 月	自治省入省
平成24年 4 月	総務省自治財政局地方債課地方債管理官
平成26年 1 月	全国知事会調査第一部長
平成28年 4 月	総務省消防庁国民保護・防災部防災課応急対策室長
平成30年 4 月	総務省自治財政局財務調査官
令和元年 8 月	総務省自治行政局地域自立応援課長

総務省自治行政局参事官
Counsellor of the International Affairs Office

上 坊 勝 則（かみぼう　かつのり）

昭和47年11月19日生．奈良県出身．
奈良県立畝傍高校，東京大学法学部

平成 7 年 4 月	自治省入省
平成17年 7 月	和歌山県総務部総務管理局市町村課長
平成19年 8 月	総務省自治税務局市町村税課住民税企画専門官
平成20年 7 月	総務省大臣官房総務課課長補佐
平成21年 7 月	総務省自治行政局市町村課課長補佐
平成22年 4 月	総務省自治行政局住民制度課課長補佐
平成22年 8 月	内閣府地域主権戦略室参事官補佐
平成24年 4 月	堺市財政局長
平成27年 7 月	自治体国際化協会シドニー事務所長
平成30年 7 月	全国市町村国際文化研修所教務部長
令和元年 7 月	自治体国際化協会事務局長
令和 2 年 7 月	総務省自治行政局参事官

自治行政局

東京駅の緊急事態宣言前（2020年 4 月 7 日午後 3 時時点）比人口増減率の推移

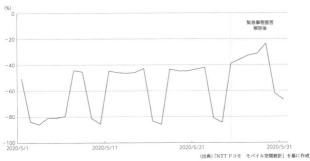

総務省自治行政局公務員部長
Director-General of the Local Public Service
Personnel Department

山　越　伸　子（やまこし　のぶこ）

昭和42年12月31日生．東京都出身．
東京大学経済学部

平成 2 年 4 月	自治省入省
平成13年 4 月	千葉県船橋市福祉局長
平成15年 4 月	千葉県船橋市健康福祉局長
平成15年 7 月	総務省自治財政局公営企業課 兼 地域企業経営企画室
平成17年 8 月	経済産業省貿易経済協力局貿易管理部原産地証明室長
平成18年 8 月	総務省自治行政局公務員部定員給与調査官
平成20年 4 月	東京都オリンピック招致本部参事（国際招致担当）
平成21年 7 月	東京都知事本局参事（調査担当）
平成22年 7 月	東京都環境局環境改善部長
平成23年 8 月	総務省自治行政局国際室長
平成25年 4 月	総務省自治行政局過疎対策室長
平成26年 7 月	総務省消防庁消防・救急課長
平成28年 6 月	総務省自治行政局地域自立応援課長
平成29年 7 月	総務省自治財政局財務調査課長
平成30年 7 月	総務省自治財政局公営企業課長
令和 2 年 7 月	総務省自治行政局公務員部長

総務省自治行政局公務員部公務員課長 併任 内閣府本府地方分権改革推進室参事官
Director of the Local Public Service Personnel Division

植　村　　哲（うえむら　さとし）

昭和44年5月7日生. 東京都出身.
東京大学法学部

平成4年4月	自治省　平成11年4月　鹿児島県企画部離島振興課長

平成13年4月　鹿児島県商工観光労働部商工政策課長　平成14年4月
鹿児島県総務部財政課長　平成15年10月　総務省自治行政局公務員部公
務員課給与能率推進室課長補佐　平成16年7月　在フランス日本国大使
館　平成19年7月　総務省自治行政局公務員部公務員課理事官

平成22年4月	石川県企画振興部長 兼 都心地区整備構想推進室長
平成23年7月	石川県総務部長
平成25年4月	総務省自治行政局地域政策課国際室長
平成28年7月	総務省自治財政局公営企業課準公営企業室長
平成29年4月	京都市副市長
平成31年4月	総務省自治行政局公務員部福利課長
令和元年7月	総務省大臣官房参事官（秘書課担当）
令和2年7月	総務省自治行政局公務員部公務員課 併任 内閣府本府地方分権改革推進室参事官

総務省自治行政局公務員部福利課長
Director of the Welfare Division

野　村　謙一郎（のむら　けんいちろう）

昭和44年6月5日生. 京都府出身. O型
東京大学法学部

平成5年	自治省入省
平成22年4月	川崎市財政局長
平成24年4月	内閣官房地域活性化統合事務局企画官
平成26年7月	総務省自治行政局選挙部政治資金課支出情報開示室長
平成27年7月	総務省大臣官房付 併任 内閣官房副長官補付 併任 内閣府参事官（総括担当）（政策統括官（経済財政運営担当）付）併任 内閣府本府地方分権改革推進室参事官
平成28年7月	宮内庁長官官房参事官 併任 内閣官房内閣総務官室 命 内閣官房皇室典範改正準備室参事官
平成30年7月	厚生労働省職業安定局雇用開発部高齢者雇用対策課長
平成31年4月	厚生労働省職業安定局高齢者雇用対策課長
令和2年7月	総務省自治行政局公務員部福利課長

総務省自治行政局選挙部長
Director‐General of the Election Department

森　　源　二 （もり　げんじ）

昭和40年7月18日生．愛知県出身．
東京大学法学部

平成元年4月	自治省入省
平成元年7月	群馬県地方課
平成7年4月	春日井市企画調整部長
平成10年8月	京都府地方課長
平成12年7月	自治省行政局選挙部管理課訟務専門官 兼 課長補佐
平成14年9月	総務省自治行政局公務員部公務員課課長補佐
平成15年10月	内閣官房構造改革特区推進室室員 兼 内閣官房地域再生推進室室員
平成17年8月	総務省自治行政局行政課行政企画官
平成18年4月	総務省大臣官房会計課企画官
平成18年7月	総務省大臣官房企画課企画官
平成18年9月	総務省大臣官房付（大臣秘書官事務取扱）
平成19年9月	総務省大臣官房参事官（財政課）
平成20年4月	金沢市副市長
平成24年4月	総務省自治行政局地域自立応援課地域振興室長
平成24年9月	内閣府地域主権戦略室参事官
平成25年1月	内閣府地方分権改革推進室参事官
平成26年7月	総務省自治行政局選挙部政治資金課長
平成28年7月	総務省自治行政局選挙部選挙課長
平成30年7月	総務省自治行政局行政課長
令和元年7月	総務省大臣官房審議官（地方行政・個人番号制度、地方公務員制度、選挙担当）
令和2年7月	総務省自治行政局選挙部長

総務省自治行政局選挙部選挙課長

Director of the Election Division

笠 置 隆 範 (かさぎ　たかのり)

昭和43年9月1日生. 大分県出身.
大分雄城台高等学校, 東京大学法学部

平成4年4月　自治省入省　平成10年4月　島根県総務部国際課長　平
成12年4月　島根県商工労働部企業振興課長　平成14年4月　島根県総
務部財政課長　平成16年4月　内閣官房副長官補付　平成17年7月　総
務省自治行政局選挙部選挙課課長補佐　平成19年4月　総務省自治行政
局選挙部選挙課理事官　平成21年9月　総務大臣秘書官事務取扱
平成22年9月　総務省大臣官房政策評価広報課企画官
平成23年4月　岡山県総務部長
平成25年4月　総務省大臣官房企画官兼参事官兼自治財政局財政課復興
　　　　　　　特別交付税室長
平成27年6月　北海道総務部長兼北方領土対策本部長
平成29年7月　厚生労働省職業安定局雇用開発部地域雇用対策課長
平成30年7月　総務省自治行政局選挙部管理課長
令和元年8月　総務省自治行政局選挙部政治資金課長
令和2年5月　総務省自治行政局選挙部選挙課長 併任 政治資金課長
令和2年7月　総務省自治行政局選挙部選挙課長

総務省自治行政局選挙部管理課長

Director of the Election Management Division

清 田 浩 史 (きよた　ひろし)

昭和44年11月生. 大阪府出身.
東京大学法学部

平成5年4月　自治省入省　平成10年7月　札幌市企画調整局企画部調
整課長　平成12年7月　国税庁資産税課課長補佐
平成14年4月　神奈川県福祉部介護国民健康保険課長
平成16年4月　神奈川県企画部市町村課長
平成18年4月　総務省自治行政局選挙部管理課訟務専門官 兼 課長補佐
平成19年8月　総務省大臣官房総務課課長補佐 兼 政策評価広報課評価
　　　　　　　専門官
平成20年7月　浜松市企画部長
平成22年8月　地方公共団体金融機構資金部資金課長
平成24年4月　地方公共団体金融機構経営企画部企画課長
平成25年4月　山形県子育て推進部長
平成26年7月　山形県総務部長
平成28年4月　復興庁統括官付参事官
平成30年7月　地方公共団体金融機構資金部長
令和2年7月　総務省自治行政局選挙部管理課長

■自治行政局　Local Administration Bureau

総務省自治行政局選挙部政治資金課長
Director of the Political Funds Regulation Division

小 谷　敦（おだに　あつし）

昭和44年11月8日生．京都府出身．
京都教育大学附属高校，東京大学法学部

平成5年4月　自治省入省　平成11年4月　徳島市財政部長 兼 理事　平成13年7月　総務省総合通信基盤局電気通信事業部高度通信網振興課課長補佐　平成14年8月　総務省総合通信基盤局電気通信事業部事業政策課課長補佐　平成15年4月　兵庫県県民政策部政策室長　平成16年4月　兵庫県企画管理部企画調整局市町村振興課長　平成18年4月　兵庫県企画管理部企画調整局財政課長　平成20年4月　総務省自治財政局地方債課理事官　平成21年4月　総務省大臣官房付（内閣官房長官補付 併任）（命 内閣官房地域活性化統合事務局企画官）（内閣総務官室 併任）（内閣府本府構造改革特区担当室 併任）（内閣府本府地域再生事業推進室 併任）（内閣府本府地域活性化推進担当室企画官 併任）平成22年4月　国土交通省都市・地域整備局地方振興課調整官（内閣官房副長官補付 併任）（命 内閣官房地域活性化統合事務局企画官）（内閣府本府地域活性化推進室企画官 併任）　平成23年7月　国土交通省国土政策局地方振興課調整官　平成24年4月　高知県総務部長　平成27年4月　内閣官房内閣参事官（内閣官房副長官補付）　平成27年7月　総務省大臣官房付（内閣官房内閣参事官（内閣官房副長官補付）併任）　平成28年8月　内閣官房内閣参事官（内閣官房副長官補付）　平成29年7月　総務省大臣官房付（内閣官房副長官補付 併任）（内閣府本府地方分権改革推進室参事官 併任）（内閣府参事官（総括担当）（政策統括官（経済財政運営担当）付）併任）　平成30年1月　（地方創生推進事務局参事官（構造改革特別区域担当）併任）（地方創生推進事務局参事官（総合特別区域担当）併任）（地方創生推進事務局参事官（国家戦略特別区域担当）併任）　令和元年7月　総務省消防庁国民保護・防災部防災課長　令和2年7月　総務省自治行政局選挙部政治資金課長

感染症対策としてのテレワーク（在宅勤務に限る）の実施有無

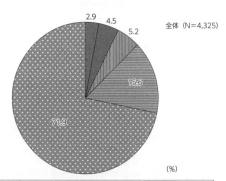

全体（N＝4,325）

2.9
4.5
5.2
15.6
71.9
(%)

■ 元々実施してきており，（今回特別という訳でなく）通常通り実施した
■ 元々実施したことはあったが，今回，対策の一環として（あらためて）実施した
▨ 元々実施したことはなかったが，今回，対策の一環として（はじめて）実施した
▤ 実施したかったが出来なかった
▨ 実施するつもりもなく，実施しなかった

（出典）国土交通省（2020）「平成31年度（令和元年度）テレワーク人口実態調査」

54

総務省自治財政局長
Director‐General of the Local Public Finance Bureau

内 藤 尚 志（ないとう　ひさし）

昭和36年11月 1 日生．長野県出身．
ラ・サール高校，東京大学法学部

昭和59年 4 月	自治省入省（財政局交付税課 兼 大臣官房総務課）
昭和59年 7 月	宮城県地方課
昭和60年 4 月	宮城県財政課
昭和61年 4 月	自治省税務局固定資産税課
昭和63年 8 月	自治省財政局公営企業第一課企画係長
平成元年 7 月	姫路市財務部長
平成 3 年 7 月	国土庁地方振興局総務課過疎対策室課長補佐
平成 5 年 7 月	高知県財政課長
平成 7 年 4 月	自治省税務局固定資産税課課長補佐
平成 9 年 7 月	自治省財政局財政課課長補佐
平成10年 7 月	自治省大臣官房総務課課長補佐（大臣秘書官事務取扱）
平成11年 1 月	自治省行政局公務員部課長補佐
平成11年 7 月	自治省税務局企画課理事官
平成12年 4 月	自治省大臣官房総務課理事官
平成12年 7 月	自治省大臣官房総務課理事官（大臣秘書官事務取扱）
平成12年12月	自治省大臣官房総務課理事官
平成13年 1 月	総務省大臣官房秘書課課長補佐
平成13年 7 月	さいたま市助役
平成17年 7 月	総務省大臣官房企画官（内閣官房内閣参事官（内閣官房副長官補付）併任）
平成18年 4 月	内閣官房内閣参事官（内閣官房副長官補付）
平成19年 7 月	総務省自治財政局交付税課長
平成21年 7 月	総務省自治税務局市町村税課長
平成22年 7 月	総務省自治税務局都道府県税課長
平成23年 5 月	総務省自治財政局調整課長
平成25年 6 月	総務省自治財政局財政課長
平成27年 7 月	総務省大臣官房審議官（財政制度・財務担当）
平成28年 6 月	内閣官房内閣審議官（内閣官房副長官補付）命 内閣官房沖縄連絡室室員
平成29年 7 月	総務省自治税務局長
令和元年 7 月	総務省自治財政局長

総務省大臣官房審議官（財政制度・財務担当）

馬　場　竹次郎（ばば　たけじろう）

昭和40年4月26日生. 佐賀県出身.
東京大学法学部

昭和63年4月	自治省入省
昭和63年7月	北海道市町村課、財政課
平成2年4月	消防庁救急救助課
平成3年4月	自治省行政局行政課
平成5年4月	岩手県労政能力開発課長、企画調整課長、地方振興課長
平成9年4月	労働省職業能力開発局能力開発課長補佐
平成11年4月	自治省行政局公務員部給与課課長補佐
平成13年4月	総務省自治財政局財政課課長補佐
平成14年4月	埼玉県労働商工部次長、改革政策局長、労働商工部長、総務部長
平成19年6月	全国知事会事務局部長（地方分権改革推進事務局部長 併任）
平成21年4月	四日市市副市長
平成23年4月	内閣府参事官（企画担当）（政策統括官（沖縄政策担当）付）
平成25年4月	総務省自治行政局地域自立応援課長
平成26年4月	栃木県副知事
平成28年6月	総務省大臣官房総務課長
平成29年7月	内閣府大臣官房審議官（沖縄政策及び沖縄科学技術大学院大学企画推進担当）併任 内閣府沖縄振興局沖縄科学技術大学院大学企画推進室長
令和元年7月	地方公務員共済組合連合会理事
令和2年7月	総務省大臣官房審議官（財政制度・財務担当）

総務省大臣官房審議官（公営企業担当）

渡　邊　　輝（わたなべ　あきら）
昭和41年8月27日生．埼玉県出身．
東京学芸大学附属高校，東京大学法学部

平成元年4月	大蔵省入省
平成14年7月	財務省大臣官房総合政策課課長補佐（国内調査）
平成15年7月	財務省大臣官房政策金融課課長補佐（総括）
平成16年8月	徳島県食の安全・安心推進担当理事
平成17年4月	徳島県県民環境部長
平成18年8月	徳島県企画総務部長
平成19年7月	金融庁監督局総務課協同組織金融室長
平成21年7月	金融庁監督局総務課監督企画官（信用機構対応室）
平成22年4月	金融庁総務企画局企画課信用機構企画室長
平成22年7月	総務省人事・恩給局参事官（給与担当）
平成23年8月	総務省人事・恩給局参事官（服務・勤務時間・人事評価担当）
平成24年7月	財務省関税局管理課長
平成25年6月	人事院事務総局給与局給与第二課長
平成27年7月	内閣府政策統括官付参事官
平成29年7月	財務省大臣官房会計課長
平成30年6月	株式会社日本政策金融公庫取締役
令和2年7月	総務省大臣官房審議官（公営企業担当）

自治財政局

総務省自治財政局財政課長
Director of the Local Public Finance Division

出 口 和 宏（でぐち　かずひろ）

昭和45年2月16日生．大阪府出身．
大阪教育大学附属天王寺高校，東京大学法学部

平成4年4月	自治省入省
平成18年4月	総務省自治財政局交付税課課長補佐
平成19年4月	総務省自治財政局交付税課理事官
平成20年7月	総務省自治財政局財政課財政企画官
平成21年7月	富山県経営管理部長
平成24年11月	総務省自治行政局地域自立応援課地域振興室長（兼）大臣官房総務課復旧復興支援室長
平成27年7月	総務省自治行政局地域自立応援課過疎対策室長
平成28年6月	総務省大臣官房政策評価広報課広報室長
平成29年7月	総務省自治財政局調整課長
平成30年7月	総務省自治財政局交付税課長
令和2年7月	総務省自治財政局財政課長

総務省自治財政局調整課長

新 田 一 郎（にった　いちろう）

昭和46年8月14日生．愛媛県出身．AB型
桐蔭学園，東京大学法学部

平成6年4月	自治省入省
平成6年7月	岩手県総務部地方振興課
平成11年7月	大阪府池田市政策推進部長
平成18年7月	京都府財政課長
平成20年7月	総務省自治行政局行政体制整備室課長補佐
平成21年4月	総務省自治行政局合併推進課長補佐
平成22年4月	総務省自治行政局行政課理事官
平成23年4月	総務省自治行政局行政課行政企画官
平成24年6月	兼 総務省大臣官房総務課復旧復興支援室長
平成24年11月	富山県経営管理部長
平成28年4月	富山県知事政策局長 兼 危機管理監
平成29年4月	総務省自治財政局財政課参事官
平成29年7月	総務省大臣官房広報室長
令和元年7月	総務省自治財政局調整課長

総務省自治財政局交付税課長

黒　野　嘉　之（くろの　よしゆき）

昭和47年12月3日生．東京都出身．
東京都立戸山高等学校，東京大学経済学部

平成7年4月	自治省入省
平成19年4月	総務省大臣官房企画課課長補佐
平成20年4月	総務省自治行政局地域振興課課長補佐
平成20年7月	総務省自治行政局地域自立応援課課長補佐
平成21年7月	総務省自治財政局交付税課課長補佐
平成22年4月	総務省自治財政局交付税課理事官
平成23年4月	総務省自治行政局地域政策課理事官
平成23年9月	総務省大臣官房付（大臣秘書官事務取扱）
平成24年10月	総務省大臣官房政策評価広報課企画官
平成25年4月	石川県企画振興部長
平成26年7月	石川県総務部長 兼 知事室長
平成28年4月	総務省情報公開・個人情報保護審査会事務局審査官
平成29年4月	自治体国際化協会審議役
平成29年6月	自治体国際化協会ロンドン事務所長
令和2年7月	総務省自治財政局交付税課長

総務省自治財政局地方債課長
Director of the Local Bond Division

坂　越　健　一（さかこし　けんいち）

昭和47年1月6日生．富山県出身．
東京大学法学部

平成6年4月	自治省入省
平成18年4月	総務省大臣官房秘書課課長補佐 兼 自治行政局公務員部福利課課長補佐
平成20年1月	総務省自治財政局地方債課課長補佐
平成21年7月	総務省自治財政局地方債課理事官
平成22年4月	総務省自治財政局財政課財政企画官
平成23年4月	長崎県企画振興部文化観光物産局長
平成25年4月	長崎県企画振興部長
平成26年4月	長崎県総務部長
平成27年4月	総務省自治行政局選挙部政治資金課政党助成室長
平成28年6月	内閣官房内閣総務官室参事官
平成30年7月	総務省自治財政局公営企業課準公営企業室長
令和元年7月	総務省自治財政局地方債課長

自治財政局

総務省自治財政局公営企業課長 併任 内閣官房内閣参事官（内閣総務官室）併任 内閣府大臣官房参事官（総務課担当）命 皇位継承式典事務局参事官
Director of the Local Public Enterprise Division

五　嶋　青　也（ごとう　せいや）

昭和44年10月14日生．埼玉県出身．
東京大学法学部

平成 4 年 4 月　自治省入省　平成19年 4 月　総務省自治財政局公営企業課公営企業経営企画室理事官　平成20年 4 月　堺市財政局長　平成22年 3 月　堺市副市長　平成24年 4 月　総務省自治行政局公務員部公務員課高齢対策室長　平成25年 6 月　宮内庁長官官房参事官（長官官房総務課併任）（内閣官房内閣参事官（内閣総務官室）併任）〜 H26.9（命 内閣官房皇室典範改正準備室参事官）　平成26年 9 月　内閣官房内閣総務官室併任　平成28年 7 月　総務省大臣官房付（内閣府本府地方分権改革推進室参事官 併任 〜 H30.8）（内閣府参事官（総括担当）（政策統括官（経済財政運営担当）付）併任）〜 H30.8（内閣官房内閣参事官（内閣官房副長官補付）併任）〜 H30.8　平成30年 8 月　内閣官房内閣参事官（内閣総務官室）併任 内閣府大臣官房参事官（総務課担当）命 皇位継承式典事務局参事官　令和 2 年 7 月　総務省自治財政局公営企業課長 併任 内閣官房内閣参事官（内閣総務官室）併任 内閣府大臣官房参事官（総務課担当）命 皇位継承式典事務局参事官

総務省自治財政局財務調査課長

伊　藤　正　志（いとう　まさし）

昭和45年 2 月12日生．北海道出身．
北海道立札幌北高校，東京大学法学部

平成 5 年 4 月	自治省入省
平成21年 7 月	総務省自治財政局財政課財政企画官
平成22年 4 月	北九州市企画文化局政策部長
平成23年 4 月	北九州市総務企画局成長戦略・企画担当理事
平成24年 4 月	北九州市財政局長
平成26年 4 月	総務省自治税務局都道府県税課税務管理官
平成28年 4 月	兼 都道府県税課自動車税制企画室長
平成28年 7 月	総務省自治行政局地域政策課国際室長
平成29年 4 月	総務省自治財政局公営企業課準公営企業室長
平成30年 7 月	総務省自治財政局地方債課長
令和元年 7 月	総務省自治財政局財務調査課長

総務省自治税務局長
Director-General of the Local Tax Bureau

稲　岡　伸　哉（いなおか　しんや）

昭和39年10月11日生．兵庫県出身．
東京大学法学部

昭和62年4月	自治省入省
昭和62年7月	北海道地方課
昭和63年4月	北海道財政課
平成元年4月	自治省消防庁総務課
平成2年4月	自治省財政局公営企業第一課
平成4年4月	島根県企画調整課長
平成6年4月	島根県財政課長
平成8年4月	自治省消防庁消防課課長補佐
平成9年8月	自治体国際化協会企画課長
平成10年4月	自治省財政局調整室課長補佐
平成12年8月	自治省大臣官房総務課課長補佐
平成13年1月	総務省大臣官房総務課課長補佐
平成13年7月	総務省自治税務局都道府県税課課長補佐
平成15年1月	総務省自治税務局企画課税務企画官
平成16年4月	石川県企画開発部長
平成17年4月	石川県企画振興部長
平成17年7月	石川県総務部長
平成19年4月	総務省自治行政局自治政策課国際室長
平成20年4月	地方公務員災害補償基金企画課長
平成21年4月	地方公営企業等金融機構経営企画部企画課長
平成23年10月	地方公共団体金融機構経営企画部副部長
平成24年4月	地方公共団体金融機構資金部長
平成25年6月	総務省消防庁消防・救急課長
平成26年7月	総務省自治税務局都道府県税課長
平成28年6月	総務省自治税務局企画課長
平成29年7月	総務省大臣官房審議官（税務担当）
令和2年7月	総務省自治税務局長

自治税務局

総務省大臣官房審議官（税務担当）
Deputy Director-General of Minister's
Secretariat (Local tax)

川　窪　俊　広（かわくぼ　としひろ）
昭和41年6月17日生．香川県出身．
香川県立高松高校，東京大学法学部

平成元年4月	自治省行政局行政課
平成元年7月	石川県総務部地方課、財政課
平成3年4月	消防庁予防課
平成4年8月	自治省税務局企画課
平成6年4月	北九州市企画局調整課長
平成8年4月	沖縄開発庁振興総務課専門官
平成10年4月	自治省行政局選挙部選挙課課長補佐
平成10年8月	自治省税務局府県税課課長補佐
平成11年7月	岡山県総務部財政課長
平成14年4月	総務省自治財政局財政課課長補佐
平成15年8月	総務省自治税務局企画課課長補佐、理事官、税務企画官
平成18年4月	岩手県総務部長
平成21年4月	総務省自治行政局選挙部政党助成室長
平成22年6月	内閣官房長官秘書官事務取扱
平成24年9月	総務省大臣官房広報室長
平成26年7月	総務省自治税務局市町村税課長
平成28年6月	総務省自治税務局都道府県税課長
平成29年7月	総務省自治税務局企画課長
平成31年4月	地方税共同機構副理事長
令和2年7月	総務省大臣官房審議官（税務担当）

総務省自治税務局企画課長
Director of the Local Tax Planning Division

寺 﨑 秀 俊 （てらさき　ひでとし）

昭和43年9月18日生．兵庫県出身．
東京大学法学部

平成3年4月	自治省入省
平成12年4月	鹿児島県総務部財政課長
平成14年4月	総務省大臣官房企画課課長補佐
平成15年1月	総務省自治税務局都道府県税課課長補佐
平成17年4月	総務省自治税務局企画課課長補佐
平成19年7月	総務省自治税務局企画課税務企画官
平成20年7月	総務省大臣官房広報室長
平成21年4月	熊本市副市長
平成25年4月	自治体国際化協会審議役
平成25年6月	自治体国際化協会北京事務所長
平成27年7月	内閣官房内閣参事官（内閣総務官室）
平成29年7月	総務省自治税務局都道府県税課長
平成30年4月	神戸市副市長
令和2年7月	総務省自治税務局企画課長

総務省自治税務局都道府県税課長
Director of the Prefectural Tax Planning Division

田 辺 康 彦 （たなべ　やすひこ）

昭和44年10月19日生．東京都出身．
東京大学法学部

平成4年4月	自治省入省
平成14年5月	鳥取県総務部次長（総務部財政課長）
平成16年4月	総務省消防庁防災課災害対策官
平成18年7月	総務省自治税務局都道府県税課課長補佐
平成19年4月	総務省自治税務局企画課理事官
平成20年7月	総務省自治税務局企画課税務企画官
平成21年4月	青森県総務部長
平成24年7月	自治体国際化協会シドニー事務所長
平成27年7月	自治体国際化協会事務局長
平成29年7月	総務省消防庁国民保護・防災部防災課長
平成30年8月	総務省自治税務局固定資産税課長
平成31年4月	総務省自治税務局都道府県税課長

自治税務局

総務省自治税務局市町村税課長
Director of the Municipal Tax Planning Division

門　前　浩　司（もんぜん　こうじ）

平成 5 年 4 月	自治省入省
平成19年 7 月	鳥取県商工労働部長
平成22年 1 月	鳥取県総務部長
平成24年 1 月	総務省自治行政局選挙部政治資金課支出情報開示室長
平成26年 4 月	内閣府本府地方分権改革推進室企画官
平成27年 7 月	内閣府本府地方創生推進室参事官
平成29年 7 月	総務省自治行政局地域自立応援課過疎対策室長
平成30年 7 月	宮内庁長官官房参事官
令和 2 年 7 月	総務省自治税務局市町村税課長

総務省自治税務局固定資産税課長
Director of the Fixed Property Tax Division

山　口　最　丈（やまぐち　よしたけ）

昭和44年10月25日生．千葉県出身．
東京大学法学部

平成 5 年 4 月	自治省入省
平成19年 8 月	総務省自治税務局市町村税課課長補佐
平成20年 4 月	総務省自治税務局市町村税課理事官
平成20年 7 月	総務省自治税務局固定資産税課理事官
平成21年 4 月	総務省自治税務局企画課税務企画官
平成22年 7 月	松山市副市長
平成26年 7 月	総務省消防庁消防・救急課救急企画室長
平成28年 6 月	兵庫県企画県民部政策創生部長
平成30年 4 月	兵庫県企画県民部長
令和元年 8 月	全国市町村職員共済組合連合会事務局長
令和 2 年 7 月	総務省自治税務局固定資産税課長

総務省国際戦略局長
Director-General of the Global Strategy Bureau

巻 口 英 司 （まきぐち　えいじ）

昭和37年11月生．神奈川県出身．
神奈川県立横浜翠嵐高校，東京大学経済学部

昭和61年	郵政省入省
昭和63年	米国留学（エール大）
平成13年	総務省総合通信基盤局多国間経済室長
平成16年	国際通信経済研究所（在ワシントン）
平成18年	内閣官房IT担当室参事官
平成20年	総務省情報通信国際戦略局国際経済課長
平成22年	総務省総合通信基盤局電波部衛星移動通信課長
平成24年	総務省情報通信国際戦略局国際政策課長
平成26年	総務省情報通信国際戦略局参事官（国際競争力強化戦略担当）
平成28年	総務省総合通信基盤局電気通信事業部長
平成29年	総務省情報流通行政局郵政行政部長
令和元年	総務省国際戦略局長

国際戦略局

総務省国際戦略局次長
Director-General for International Affairs

渡　辺　　　健（わたなべ　けん）

昭和41年4月2日生．神奈川県出身．O型
神奈川県立湘南高校，東京大学法学部

平成元年4月	通産省入省（通商政策局国際経済課）
平成3年7月	産業政策局産業構造課
平成5年6月	資源エネルギー庁総務課
平成6年7月	留学（タフツ大学フレッチャースクール）
平成7年6月	内閣官房内閣内政審議室
平成9年6月	中小企業庁総務課
平成10年6月	中小企業庁小売商業課
平成11年7月	欧州連合日本政府代表部兼在ベルギー日本大使館
平成14年5月	経済産業省通商政策局通商機構部
平成16年8月	経済産業省資源エネルギー庁国際課
平成17年7月	経済産業省資源エネルギー庁総合政策課・国際課企画官
平成18年5月	経済産業省商務情報政策局博覧会推進室長
平成19年6月	北海道庁経済部長
平成22年4月	経済産業省通商政策局経済連携課長
平成24年10月	経済産業省資源エネルギー庁資源・燃料部石油精製備蓄課長
平成25年6月	経済産業省中小企業庁経営支援部経営支援課長
平成27年7月	内閣官房内閣参事官（内閣官房副長官補付／ＴＰＰ等政府対策本部）
令和元年7月	総務省国際戦略局次長

総務省大臣官房審議官（国際技術、サイバーセキュリティ担当）併任 内閣官房内閣審議官（内閣官房副長官補付）命 情報通信技術（ＩＴ）総合戦略室長代理（副政府ＣＩＯ）
Director-General for ICT R&D and Cyber Security Policy

藤　野　　克 (ふじの　まさる)
早稲田大学政治経済学部政治学科,
シカゴ大学修士（社会科学）, 早稲田大学博士（学術）

平成2年4月　　郵政省入省
平成20年　　　　外務省在米国日本国大使館参事官
平成24年7月　　総務省情報流通行政局郵政行政部貯金保険課長（併：内閣官房内閣参事官（内閣官房副長官補付）命　内閣官房郵政改革推進室参事官）
平成26年7月　　総務省情報流通行政局地上放送課長
平成28年6月　　総務省総合通信基盤局電気通信事業部料金サービス課長
平成30年7月　　総務省国際戦略局総務課長
令和元年7月　　総務省大臣官房企画課長 命 国立国会図書館支部総務省図書館長 併任 内閣官房副長官補付 命 内閣官房東京オリンピック競技大会・東京パラリンピック競技大会推進本部事務局参事官 命 内閣官房観光戦略実行推進室参事官 併任 国土交通省道路局自転車活用推進本部事務局次長
令和2年7月　　総務省大臣官房審議官（国際技術、サイバーセキュリティ担当）併任 内閣官房内閣審議官（内閣官房副長官補付）命 内閣官房情報通信技術（ＩＴ）総合戦略室長代理（副政府ＣＩＯ）

主要著書
『電気通信事業法逐条解説』（共編著）（電気通信振興会 平成20年）
『インターネットに自由はあるか』（単著）（中央経済社 平成24年）
『電気通信事業法逐条解説改訂版』（共編著）（情報通信振興会 令和元年）

総務省国際戦略局総務課長
Deputy Director-General for Global Strategy

牛 山 智 弘（うしやま　ともひろ）

昭和44年9月9日生．長崎県出身．
長崎県立長崎北高校，東京大学経済学部

平成5年4月	郵政省入省
平成22年7月	総務省情報流通行政局郵政行政部郵便課国際企画室長
平成24年7月	（独）情報通信研究機構産業振興部門長
平成25年7月	内閣官房副長官補付企画官（TPP政府対策本部）
平成26年7月	国土交通省道路局路政課道路利用調整室長
平成28年6月	総務省情報流通行政局郵政行政部貯金保険課長
平成30年7月	総務省国際戦略局国際経済課長
令和元年7月	総務省国際戦略局国際政策課長
令和2年7月	総務省国際戦略局総務課長

総務省国際戦略局技術政策課長 併任 内閣府技官（参事官（課題実施担当）（政策統括官（科学技術・イノベーション担当）付））

栁 島　　智（やなぎしま　さとる）

昭和40年8月19日生．千葉県出身．
千葉県立千葉高等学校，電気通信大学，
電気通信大学大学院

平成3年4月　郵政省入省　平成19年7月　総務省総合通信基盤局データ通信課インターネット基盤企画室長　平成21年7月　総務省情報通信国際戦略局国際展開支援室長　平成24年8月　総務省総合通信基盤局電波部監視管理室長　平成25年6月　総務省総合通信基盤局電波部重要無線室長　平成27年8月　内閣官房参事官（内閣サイバーセキュリティセンター重要インフラグループ）　平成29年7月　総務省情報通信国際戦略局参事官（行政情報セキュリティ担当）　平成29年9月　総務省情報流通行政局参事官（行政情報セキュリティ担当）
平成30年7月　総務省情報流通行政局放送技術課長
令和元年7月　国立研究開発法人情報通信研究機構オープンイノベーション推進本部イノベーション推進部門長
令和2年7月　総務省国際戦略局技術政策課長 併任 内閣府技官（参事官（課題実施担当）（政策統括官（科学技術・イノベーション担当）付））

総務省国際戦略局通信規格課長
Director,ICT Standardization Division

近 藤 玲 子（こんどう　れいこ）

神戸女学院高等学部,
東京大学大学院理学系研究科情報科学専攻, スタンフォード大学大学院
（MBA）

平成 5 年 4 月	郵政省入省
平成21年 7 月	独立行政法人情報通信研究機構情報通信セキュリティ研究センター推進室長
平成23年 7 月	内閣官房情報セキュリティセンター企画調整官
平成26年 8 月	総務省情報流通行政局放送技術課技術企画官
平成28年 7 月	総務省総合通信基盤局電波部基幹・衛星移動通信課重要無線室長
平成29年 7 月	総務省総合通信基盤局電波部電波環境課長
平成30年 7 月	総務省サイバーセキュリティ統括官付参事官（国際担当）
令和 2 年 7 月	総務省国際戦略局通信規格課長

総務省国際戦略局宇宙通信政策課長
Director, Space Communications Policy Division

住 友 貴 広（すみとも　たかひろ）

徳島県出身.
脇町高等学校, 東京大学工学部電気工学科,
東京大学大学院工学系研究科電子工学専攻

平成 7 年 4 月	郵政省入省
平成27年 7 月	総務省情報流通行政局衛星・地域放送課技術企画官
平成29年 5 月	国立大学法人東京大学大学院情報学環准教授
令和 2 年 7 月	総務省国際戦略局宇宙通信政策課長

国際戦略局

主要論文　Progress and Initiatives for Open Data Policy in Japan,
Takahiro Sumitomo, Noboru Koshizuka, IEEE Computer vol.51 no.12.

総務省国際戦略局国際政策課長
Deputy Director-General for International Policy

大 森 一 顕 (おおもり　かずあき)

昭和44年12月13日生．東京都出身．
東京大学経済学部

平成 5 年 4 月	郵政省入省
平成18年 9 月	内閣総理大臣補佐官付
平成20年 7 月	総務省総合通信基盤局総務課課長補佐（統括補佐）
平成21年 9 月	金融・郵政改革担当大臣秘書官（事務取扱）
平成24年 7 月	中華人民共和国大使館参事官
平成27年 7 月	総務省情報流通行政局情報流通振興課情報セキュリティ対策室長
平成29年 1 月	兼 総務省情報通信国際戦略局参事官（サイバーセキュリティ戦略担当）
平成29年 7 月	総務省情報通信国際戦略局国際協力課長
平成29年 9 月	総務省国際戦略局国際協力課長
令和元年 7 月	総務省サイバーセキュリティ統括官付参事官（総括担当）
令和 2 年 7 月	総務省国際戦略局国際政策課長

総務省国際戦略局国際経済課長
Deputy Director-General for International Economic Affairs

菱 田 光 洋 (ひしだ　みつひろ)

昭和46年 6 月18日生．広島県出身．
東京大学法学部

平成 6 年 4 月	郵政省入省
平成23年 8 月	総務省情報通信国際戦略局国際経済課企画官
平成24年 8 月	総務省情報通信国際戦略局国際経済課多国間経済室長
平成25年 7 月	兼 内閣官房副長官補付企画官 兼 ＴＰＰ政府対策本部交渉官
平成29年 7 月	国立研究開発法人情報通信研究機構オープンイノベーション推進本部デプロイメント推進部門長
令和元年 7 月	総務省国際戦略局国際経済課長

総務省国際戦略局国際協力課長
Deputy Director‑General for International Cooperation

柴 山 佳 徳 （しばやま　よしのり）

昭和46年10月20日生．神奈川県出身．
京都大学経済学部

平成 7 年 4 月	郵政省入省
平成20年 7 月	総務省情報通信国際戦略局情報通信政策課課長補佐
平成21年 4 月	岐阜県総合企画部次長
平成24年 7 月	総務省大臣官房秘書課長補佐
平成25年 7 月	総務省総合通信基盤局電気通信事業部事業政策課調査官
平成27年 7 月	総務省情報通信国際戦略局情報通信政策課調査官
平成28年 6 月	内閣官房内閣参事官（内閣広報室）併任 内閣官房副長官補付
令和元年 7 月	総務省国際戦略局国際協力課長

テレワーク（在宅勤務に限る）を実施してみて問題があったこと

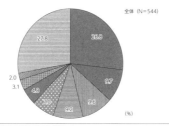

（出典）国土交通省（2020）「平成31年度（令和元年度）テレワーク人口実態調査」

総務省情報流通行政局長
Director-General of the Information and Communications Bureau

秋 本 芳 徳 （あきもと　よしのり）

昭和63年 4 月	郵政省入省
平成17年10月	総務大臣秘書官事務取扱
平成18年 9 月	総務省情報通信政策局総合政策課調査官
平成19年 7 月	総務省情報通信政策局情報通信政策課長
平成20年 7 月	総務省情報通信国際戦略局融合戦略企画官
平成21年 7 月	総務省情報通信国際戦略局参事官（通信・放送総合戦略担当）
平成22年 7 月	総務省情報流通行政局地域通信振興課長
平成24年 8 月	総務省情報流通行政局放送政策課長
平成26年 7 月	総務省信越総合通信局長
平成27年 7 月	総務省総合通信基盤局電気通信事業部事業政策課長
平成28年 6 月	総務省総合通信基盤局総務課長
平成29年 7 月	総務省大臣官房企画課長
平成30年 7 月	総務省総合通信基盤局電気通信事業部長
令和元年 7 月	総務省大臣官房総括審議官（情報通信担当）
令和 2 年 7 月	総務省情報流通行政局長

総務省大臣官房審議官（情報流通行政局担当）

Deputy Director-General of the Information and Communications Bureau

湯 本 博 信 (ゆもと　ひろのぶ)

昭和41年12月26日生．千葉県出身．
私立開成高校，東京大学経済学部経済学科

平成 2 年 4 月	郵政省入省（電気通信局電波部計画課）
平成 4 年 7 月	外務省国際連合局科学課
平成 6 年 7 月	郵政省電気通信局電気通信事業部データ通信課事業振興係長
平成 8 年 7 月	渋川郵便局長（群馬県）
平成 9 年 5 月	郵政省通信政策局技術政策課課長補佐
平成12年 5 月	在中国日本国大使館一等書記官
平成15年 7 月	総務省総合通信基盤局電気通信事業部事業政策課統括補佐
平成17年 8 月	総務省総合通信基盤局電気通信事業部事業政策課調査官
平成19年 8 月	総務大臣秘書官（事務取扱）
平成20年 9 月	総務省情報通信国際戦略局情報通信政策課調査官
平成22年 7 月	総務省情報通信国際戦略局国際協力課長
平成25年 6 月	総務省情報流通行政局情報通信作品振興課
平成27年 7 月	総務省総合通信基盤局電気通信事業部消費者行政課長
平成28年 7 月	総務省総合通信基盤局電気通信事業部消費者行政第二課長
平成29年 7 月	総務省情報流通行政局放送政策課長
令和元年 7 月	総務省情報流通行政局総務課長
令和 2 年 4 月	情報通信政策研究所長を併任
令和 2 年 7 月	総務省大臣官房審議官（情報流通行政局担当）

情報流通
行政局

総務省大臣官房審議官（情報流通行政局担当）
Deputy Director - General of the Information
and Communications Bureau

辺　見　　　聡（へんみ　さとし）

昭和41年 4 月21日生．群馬県出身．
群馬県立前橋高校，一橋大学法学部

平成 2 年 4 月	厚生省入省（保健医療局企画課）
平成13年 6 月	在ジュネーブ国際機関日本政府代表部一等書記官（WHO担当）
平成16年 7 月	厚生労働省大臣官房国際課課長補佐
平成17年 8 月	社会保険庁総務部総務課課長補佐
平成18年 9 月	宮城社会保険事務局長
平成20年 7 月	社会保険庁日本年金機構設立準備事務局管理官
平成22年 1 月	厚生労働省健康局疾病対策課臓器移植対策室長
平成23年10月	厚生労働省大臣官房総務課企画官
平成24年 4 月	厚生労働省社会・援護局障害保健福祉部障害福祉課地域移行・障害児支援室長
平成24年 9 月	厚生労働省社会・援護局障害保健福祉部障害福祉課長
平成26年 7 月	厚生労働省老健局高齢者支援課長
平成27年 7 月	厚生労働省老健局振興課長
平成28年 6 月	厚生労働省医薬・生活衛生局総務課長
平成29年 7 月	厚生労働省大臣官房参事官（人事担当）
平成30年 7 月	厚生労働省大臣官房人事課長
令和元年 7 月	厚生労働省大臣官房審議官（社会、援護、人道調査、福祉連携担当）
令和 2 年 8 月	総務省大臣官房審議官（情報流通行政局担当）

総務省情報流通行政局総務課長
Director, General Affairs Division

犬　童　周　作（いんどう　しゅうさく）

昭和42年11月10日生．熊本県出身．
熊本県立済々黌高校，東京大学法学部

平成4年4月　郵政省入省　平成11年7月　郵政省電気通信局電気通信
事業部データ通信課課長補佐　平成13年1月　総務省情報通信政策局放
送政策課課長補佐　平成14年8月　総務省総合通信基盤局電波部電波政
策課課長補佐　平成15年5月　在フランス日本国大使館一等書記官　平
成18年8月　総務省郵政行政局総務課課長補佐（統括補佐）　平成19年10
月　総務大臣官房秘書課課長補佐　平成20年7月　総務省情報流通行政
局総務課調査官（郵政行政部）　平成21年9月　総務大臣秘書官事務取扱
平成22年9月　総務省総合通信基盤局電気通信事業部事業政策課市場評
価企画官　平成24年9月　国土交通省道路局路政課道路利用調整室長
平成26年7月　総務省大臣官房付　併任　内閣官房内閣参事官（内閣官房
　　　　　　　副長官補付）命　内閣官房情報通信技術（IT）総合戦略
　　　　　　　室参事官
平成29年7月　総務省情報流通行政局情報流通振興課長
令和元年7月　総務省情報流通行政局郵政行政部郵便課長
令和2年7月　総務省情報流通行政局総務課長

総務省情報流通行政局情報通信政策課長 併任 内閣官房副長官補付 命 内閣官房情報通信技術（IT）総合戦略室参事官 命 内閣官房デジタル市場競争本部事務局参事官

豊　嶋　基　暢（とよしま　もとのぶ）

昭和42年12月生．北海道出身．
京都大学法学部

平成3年4月　郵政省入省　平成8年7月　釧路西郵便局長　平成9年
7月　郵政省電気通信局電気通信事業部事業政策課補佐　平成12年7月
郵政総括政務次官秘書官事務取扱　平成13年1月　総務副大臣秘書官事
務取扱　平成14年1月　総務省郵政企画管理局保険企画課補佐　平成15
年2月　総務省総合通信基盤局電波部電波政策課補佐　平成17年8月
総務省総合通信基盤局総務課補佐（統括補佐）　平成19年4月　慶應義塾
大学メディアコミュニケーション研究所准教授　平成22年4月　総務省
総合通信基盤局電波部移動通信課高度道路交通システム推進官　平成25
年8月　文部科学省生涯学習政策局情報教育課長　平成27年8月　総務
省情報流通行政局情報通信作品振興課長　平成30年7月　総務省総合通
信基盤局電波部基幹・衛星移動通信課長　併任　消防庁国民保護・防災部
参事官　令和元年7月　総務省情報流通行政局放送政策課長
令和2年7月　総務省情報流通行政局情報通信政策課長　併任　内閣官房
　　　　　　　副長官補付　命　内閣官房情報通信技術（IT）総合戦略室
　　　　　　　参事官　命　内閣官房デジタル市場競争本部事務局参事官

情報流通
行政局

総務省情報流通行政局情報流通振興課長
Director of Advanced Information Systems and Software Division

飯 倉 主 税（いいくら　ちから）

昭和47年1月8日生．大阪府出身．
京都大学経済学部

平成7年4月	郵政省採用
平成13年7月	総務省総合通信基盤局電気通信事業部料金サービス課課長補佐
平成17年8月	和歌山県企画部IT推進局情報政策課長
平成18年9月	総務副大臣秘書官
平成20年8月	総務省情報流通行政局地上放送課課長補佐
平成24年12月	総務大臣秘書官
平成27年7月	総務省情報流通行政局放送政策課企画官
平成29年7月	総務省情報流通行政局情報通信政策課調査官
令和2年7月	総務省情報流通行政局情報流通振興課長

総務省情報流通行政局情報通信作品振興課長
Director,Promotion for Content Distribution Division

三 島 由 佳（みしま　ゆか）

昭和47年2月3日生．兵庫県出身．
京都大学法学部

平成8年4月	郵政省入省
平成21年9月	総務省情報流通行政局衛星・地域放送課地域放送推進室課長補佐
平成23年6月	総務省情報通信政策研究所調査研究部主任研究官
平成26年8月	総務省紛争処理委員会事務局紛争処理調査官
平成28年7月	総務省情報流通行政局衛星・地域放送課企画官　併任　情報流通行政局放送政策課
令和元年7月	総務省情報流通行政局情報通信作品振興課長

総務省情報流通行政局地域通信振興課長 併任 沖縄情報通信振興室長
Director, Regional Communications Development Division

金 澤 直 樹（かなざわ　なおき）

愛知県出身.
東京大学経済学部

平成 7 年 4 月	郵政省入省
平成24年 7 月	復興庁企画官
平成26年 7 月	総務省情報流通行政局衛星・地域放送課国際放送推進室長
平成28年 7 月	総務省総合通信基盤局電波部移動通信課移動通信企画官
平成30年 4 月	総務省総合通信基盤局電波部電波政策課企画官
令和元年 7 月	総務省情報流通行政局地域通信振興課地方情報化推進室長
令和 2 年 4 月	総務省情報流通行政局地域通信振興課デジタル経済推進室長
令和 2 年 7 月	総務省情報流通行政局地域通信振興課長

総務省情報流通行政局放送政策課長
Director, Broadcasting Policy Division

井 幡 晃 三（いばた　こうぞう）

昭和44年11月17日生.　京都府出身.
東京大学法学部

平成 5 年 4 月	郵政省入省
平成20年 7 月	総務省大臣官房秘書課長補佐
平成21年 7 月	総務省総合通信基盤局電気通信事業部事業政策課市場評価企画官
平成22年 9 月	総務省大臣官房付 兼 大臣秘書官事務取扱
平成23年 8 月	総務省情報流通行政局放送政策課調査官
平成24年 7 月	総務省情報流通行政局放送政策課企画官
平成25年 7 月	総務省情報流通行政局情報流通振興課企画官
平成27年 7 月	総務省情報流通行政局情報通信作品振興課放送コンテンツ海外流通推進室長
平成29年 7 月	総務省情報流通行政局衛星・地域放送課長
令和元年 7 月	総務省情報流通行政局地上放送課長
令和 2 年 7 月	総務省情報流通行政局放送政策課長

総務省情報流通行政局放送技術課長
Director, Broadcasting Technology Division

荻　原　直　彦（おぎはら　なおひこ）

昭和42年11月30日生．東京都出身．B型
桐朋高等学校，東北大学工学部情報工学科，
東北大学大学院工学研究科

平成 4 年 4 月	郵政省入省
平成21年 7 月	総務省情報流通行政局衛星・地域放送課技術企画官
平成22年 7 月	総務省総合通信基盤局電波部電波政策課電波利用料企画室長
平成25年 6 月	総務省情報通信国際戦略局技術政策課研究推進室長
平成28年 7 月	総務省総合通信基盤局電気通信事業部電気通信技術システム課長
平成30年 7 月	総務省総合通信基盤局電波部移動通信課長
令和 2 年 7 月	総務省情報流通行政局放送技術課長

総務省情報流通行政局地上放送課長
Director, Terrestrial Broadcasting Division

林　　　弘　郷（はやし　ひろさと）

昭和43年11月19日生．東京都出身．
東京大学法学部

平成 5 年	郵政省入省
平成17年	在大韓民国日本国大使館一等書記官
平成20年	総務省情報通信国際戦略局情報通信政策課参事官補佐
平成22年	総務省情報流通行政局放送政策課企画官
平成24年	内閣官房知的財産戦略推進事務局企画官
平成26年	総務省情報通信国際戦略局情報通信政策課情報通信経済室長
平成28年	総務省総合通信基盤局電波部電波環境課認証推進室長
平成29年	内閣府地方分権改革推進室参事官
令和 2 年 7 月	総務省情報流通行政局地上放送課長

総務省情報流通行政局衛星・地域放送課長

吉 田 恭 子（よしだ　きょうこ）

昭和45年10月24日生．東京都出身．
国立学芸大学附属高校，東京大学法学部

平成 6 年 4 月	郵政省入省
平成20年 7 月	総務省大臣官房企画課課長補佐
平成22年 7 月	総務省情報流通行政局情報流通振興課情報流通高度化推進室長
平成25年 7 月	総務省情報流通行政局地上放送課企画官 併任 放送政策課
平成27年 7 月	総務省総合通信基盤局電気通信事業部消費者行政課電気通信利用者情報政策室長
平成28年 7 月	総務省情報流通行政局地域通信振興課地方情報化推進室長
平成29年 7 月	内閣官房内閣参事官（内閣サイバーセキュリティセンター）併任 内閣官房副長官補付
令和元年 7 月	総務省情報流通行政局衛星・地域放送課長

3 月と 4 月のテレワーク実施率

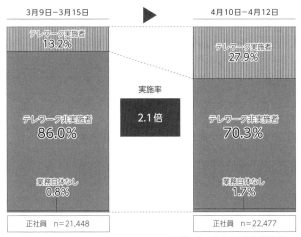

3月9日−3月15日　▶　4月10日−4月12日

テレワーク実施者
13.2%

テレワーク非実施者
86.0%

業務自体なし
0.8%

実施率
2.1倍

テレワーク実施者
27.9%

テレワーク非実施者
70.3%

業務自体なし
1.7%

正社員　n=21,448　　　　正社員　n=22,477

（出典）パーソル総合研究所（2020）

情報流通行政局

総務省情報流通行政局郵政行政部長
Director-General of the Postal Services Policy Planning Department

佐々木　祐　二（ささき　ゆうじ）

昭和39年 3 月 8 日生.
神奈川県立湘南高校，東京大学経済学部経済学科

昭和62年 4 月	郵政省入省
平成13年 1 月	総務省情報通信政策局総務課課長補佐
平成13年 7 月	総務省大臣官房秘書課課長補佐
平成14年 8 月	総務省総合通信基盤局電波部移動通信課高度道路交通システム推進官
平成16年 4 月	総務省総合通信基盤局国際部国際政策課国際広報官
平成16年 8 月	国際通信経済研究所北京事務所（研究休職）
平成18年 7 月	総務省大臣官房秘書課調査官
平成19年10月	総務省総合通信基盤局電波部基幹通信課長
平成21年 7 月	総務省情報流通行政局衛星放送課長 併任 地域放送課長
平成21年 9 月	総務省情報流通行政局衛星・地域放送課長
平成23年 7 月	総務省情報流通行政局放送政策課長
平成24年 8 月	総務省情報流通行政局郵政行政部企画課長
平成25年 6 月	内閣官房内閣参事官（内閣広報室）
平成26年 7 月	総務省情報通信国際戦略局国際政策課長
平成27年 7 月	総務省総合通信基盤局総務課長
平成28年 6 月	総務省大臣官房参事官（秘書課担当）
平成30年 7 月	総務省中部管区行政評価局長
令和元年 7 月	総務省近畿総合通信局長
令和 2 年 7 月	総務省情報流通行政局郵政行政部長

総務省情報流通行政局郵政行政部企画課長
Director, Planning Division

菱 沼 宏 之（ひしぬま　ひろゆき）

昭和44年1月11日生．茨城県出身．A型
茨城高校，早稲田大学法学部，
シラキュース大学院国際関係論

平成3年4月　郵政省入省　平成11年7月　郵政省電気通信局業務課課長補佐
平成14年7月　在香港日本国総領事館領事　平成17年8月　総務省総合通信基盤
局国際部国際政策課統括補佐　平成18年8月　総務省総合通信基盤部総務課統括
補佐　平成19年7月　総務省総合通信基盤局電気通信事業部電気通信技術システ
ム課企画官 兼 安全・信頼性対策室長　平成20年7月　総務省総合通信基盤局電
気通信事業部事業政策課調査官　平成21年7月　独立行政法人情報通信研究機構
総合企画部統括 兼 評価室長　平成23年7月　独立行政法人情報通信研究機構国
際推進部門統括 兼 欧州連携センター長　平成26年7月　総務省情報流通行政局
郵政行政部貯金保険課長（併：内閣官房副長官補付 命 内閣官房郵政民営化推進
室参事官）　平成28年6月　総務省情報通信国際戦略局国際経済課長　平成29年
9月　総務省国際戦略局国際経済課長　平成30年7月　内閣官房内閣参事官（内
閣官房副長官補付）命 内閣官房郵政民営化推進室参事官 併任 郵政民営化委員会
事務局参事官　令和2年7月　総務省情報流通行政局郵政行政部企画課長

資格　宅地建物取引主任者　趣味　マラソン，旅行，切手収集
学生時代の所属部　野球部，卓球部，テニス

総務省情報流通行政局郵政行政部郵便課長
Director, Postal Policy Division

渋 谷 闘志彦（しぶや　としひこ）

昭和46年11月21日生．埼玉県出身．
埼玉県立川越高校，早稲田大学政治経済学部政治学科，
英国ロンドン大学政治経済大学院

平成6年4月	郵政省入省
平成18年5月	在フランス日本国大使館一等書記官
平成22年7月	総務省情報流通行政局地上放送課企画官
平成23年9月	総務大臣秘書官事務取扱
平成24年10月	総務省情報通信国際戦略局情報通信政策課調査官
平成27年7月	総務省情報流通行政局情報流通振興課企画官
平成29年7月	総務省情報流通行政局情報流通振興課情報流通高度化推進室長
平成30年7月	総務省情報流通行政局情報通信作品振興課長
令和元年7月	金融庁監督局郵便保険監督参事官
令和2年7月	総務省情報流通行政局郵政行政部郵便課長

総務省情報流通行政局郵政行政部貯金保険課長
Director, Savings & Insurance Services Division

髙 田 義 久（たかだ　よしひさ）

昭和45年8月3日生．三重県出身．
東京大学法学部

平成5年4月	郵政省入省
平成30年7月	金融庁監督局郵便保険監督参事官
令和元年7月	総務省情報流通行政局郵政行政部貯金保険課長

総務省情報流通行政局郵政行政部信書便事業課長
Director, Correspondence Delivery Business Division

徳 光 　 歩（とくこう　あゆむ）

昭和44年11月30日生．香川県出身．B型
丸亀高校，東京大学経済学部

平成5年4月	郵政省入省
平成24年8月	総務省情報流通行政局衛星・地域放送課企画官 兼 放送政策課地域メディア室長
平成26年7月	総務省情報流通行政局衛星・地域放送課地域放送推進室長
平成28年7月	総務省総合通信基盤局電気通信事業部消費者行政第一課長
平成30年8月	公益社団法人日本経済研究センター研究本部主任研究員（研究休職）
令和元年7月	独立行政法人郵便貯金簡易生命保険管理・郵便局ネットワーク支援機構貯金部長
令和2年7月	総務省情報流通行政局郵政行政部信書便事業課長

総務省総合通信基盤局長
Director-General of the Telecommunications
Bureau

竹 内 芳 明（たけうち　よしあき）

昭和37年 3 月27日生．香川県出身．

昭和60年 4 月	郵政省入省
平成10年 6 月	郵政省東北電気通信監理局総務部長
平成11年 7 月	郵政省電気通信局電波部衛星移動通信課次世代航空通信システム開発室長
平成13年 7 月	総務省情報通信政策局宇宙通信調査室長
平成15年 8 月	総務省情報通信政策局研究推進室長
平成18年 7 月	総務省情報通信政策局宇宙通信政策課長
平成19年 7 月	総務省総合通信基盤局電気通信事業部電気通信技術システム課長
平成20年 7 月	総務省総合通信基盤局電波部移動通信課長
平成22年 7 月	総務省情報通信国際戦略局技術政策課長
平成23年 7 月	総務省総合通信基盤局電波部電波政策課長
平成26年 7 月	総務省東北総合通信局長
平成27年 7 月	経済産業省大臣官房審議官（ＩＴ戦略担当）
平成29年 7 月	総務省総合通信基盤局電波部長
平成30年 7 月	総務省サイバーセキュリティ統括官
令和 2 年 7 月	総務省総合通信基盤局長

総合通信基盤局

趣味　マラソン，夏山

総務省総合通信基盤局総務課長

吉 田 正 彦（よしだ まさひこ）

昭和42年1月16日生．東京都出身．A型
私立武蔵高等学校，東京大学法学部政治コース

平成3年4月　郵政省入省　平成3年7月　郵政省通信政策局宇宙通信政策課　平成
5年7月　郵政省大臣官房文書課　平成7年7月　郵政省電気通信局電気通信事業部
業務課係長　平成9年7月　郵政省郵務局輸送企画課課長補佐　平成10年6月　郵政
省関東郵政局情報システム課　平成10年8月　郵政省電気通信局電気通信事業部電
気通信技術システム課課長補佐　平成12年1月　内閣官房個人情報保護担当室勤務
平成13年7月　総務省情報通信政策局衛星放送課課長補佐　平成15年5月　在ジュネ
ーブ国際機関日本政府代表部一等書記官　平成18年8月　総務省情報通信政策局総務
課統括補佐　平成19年7月　総務省総合通信基盤局電気通信事業部消費者行政企画
官　平成20年7月　総務省東海総合通信局情報通信部長　平成21年7月　総務省情報
通信国際戦略局融合戦略企画官　平成22年7月　総務省総合通信基盤局電気通信事業
部料金サービス課企画官　平成23年5月　内閣官房副長官補付企画官　平成23年6月
東日本大震災復興対策本部事務局企画官　平成24年2月　復興庁企画官　平成24年7
月　一般財団法人マルチメディア振興センター特別研究主幹　平成26年7月　総務省
総合通信基盤局電気通信事業部消費者行政課長　平成27年7月　総務省総合通信基盤
局電気通信事業部データ通信課長　平成28年6月　内閣官房郵政民営化推進室参事官
併任　郵政民営化委員会事務局参事官　平成30年7月　総務省情報流通行政局地域通信
振興課長　併任　沖縄情報通信振興室長　令和元年7月　総務省情報流通行政局情報流
通振興課長　令和2年7月　総務省総合通信基盤局総務課長

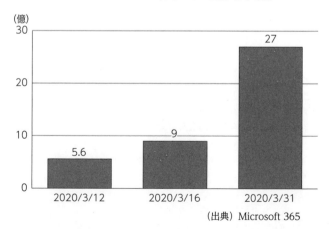

Microsoft Teamsでの1日あたりの会議時間（分）

（出典）Microsoft 365

総務省総合通信基盤局電気通信事業部長
Director - General of the Telecommunications
Business Department

今 川 拓 郎 （いまがわ　たくお）
昭和41年4月生．静岡県出身．
静岡県立清水東高校，東京大学，
ハーバード大学（経済学博士）

平成2年4月	郵政省入省
平成5年7月	米国留学
平成12年7月	大阪大学大学院国際公共政策研究科助教授
平成17年8月	総務省総合通信基盤局事業政策課市場評価企画官
平成19年7月	総務省情報通信政策局総合政策課調査官
平成20年7月	総務省情報通信国際戦略局情報通信経済室長
平成21年7月	総務省情報流通行政局地上放送課企画官
平成24年8月	総務省情報流通行政局地域通信振興課長
平成27年7月	総務省情報流通行政局情報流通振興課長
平成29年9月	総務省情報流通行政局情報通信政策課長
令和元年7月	総務省総合通信基盤局総務課長
令和2年7月	総務省総合通信基盤局電気通信事業部長

総合通信基盤局

総務省総合通信基盤局電気通信事業部事業政策課長
Director Telecommunications Policy Division

大 村 真 一 （おおむら　しんいち）

東京大学法学部

平成 4 年 4 月	郵政省入省
平成20年 7 月	総務省総合通信基盤局電気通信事業部消費者行政課企画官
平成23年 7 月	総務省総合通信基盤局電気通信事業部料金サービス課企画官
平成24年 9 月	内閣法制局参事官（第三部）
平成29年 7 月	総務省総合通信基盤局電気通信事業部消費者行政第二課長
平成30年 7 月	総務省総合通信基盤局電気通信事業部料金サービス課長
令和 2 年 7 月	総務省総合通信基盤局電気通信事業部事業政策課長

総務省総合通信基盤局電気通信事業部料金サービス課長
Director, Tariff Division

川 野 真 稔 （かわの　まさとし）

神奈川県出身,
京都大学大学院工学研究科（電子工学専攻）

平成 7 年 4 月	郵政省採用
平成24年 8 月	総務省情報流通行政局郵政行政部郵便課国際企画室長
平成27年 6 月	外務省在アメリカ合衆国日本国大使館参事官
平成30年 7 月	総務省情報流通行政局情報通信政策課調査官
令和 2 年 7 月	総務省総合通信基盤局電気通信事業部料金サービス課長

総務省総合通信基盤局電気通信事業部データ通信課長

Director,Computer Communications Division

梅 村　　研 （うめむら　けん）

昭和44年12月生.

駒場東邦高校，東京大学経済学部

平成 5 年 4 月	郵政省入省
平成11年 7 月	福岡市総務企画局企画調整部課長（高度情報化担当）
平成13年 7 月	総務省情報通信政策局コンテンツ流通促進室室長補佐
平成16年 7 月	総務省情報通信政策局情報通信利用促進課課長補佐
平成17年 8 月	総務省情報通信政策局地域放送課課長補佐
平成18年 9 月	内閣官房郵政民営化推進室室長補佐
平成20年 7 月	総務省情報流通行政局総務課課長補佐（命）統括補佐
平成21年 7 月	総務省九州総合通信局放送部長
平成23年 9 月	総務省情報流通行政局情報流通振興課企画官（併）地域通信振興課企画官
平成25年 7 月	富士通株式会社シニアマネージャー（官民交流）
平成27年 7 月	総務省情報流通行政局地方情報化推進室長
平成28年 7 月	総務省情報流通行政局郵政行政部保険計理監理官
平成29年 4 月	文部科学省生涯学習政策局情報教育課長
平成30年 8 月	総務省総合通信基盤局電気通信事業部消費者行政第一課長
令和 2 年 7 月	総務省総合通信基盤局電気通信事業部データ通信課長

趣味　少年サッカーコーチ　学生時代の所属部　合気道

総務省総合通信基盤局電気通信事業部電気通信技術システム課長

Director, Telecommunication Systems Division

越 後 和 徳 （えちご　かずのり）

昭和43年 7 月22日生．宮城県出身．

宮城県古川高校，東北大学工学部情報工学科，

東北大学大学院工学研究科情報工学専攻

平成 5 年 4 月	郵政省入省
平成20年 7 月	独立行政法人情報通信研究機構理事長秘書
平成22年 7 月	総務省総合通信基盤局電波部移動通信課新世代移動通信システム推進室長
平成23年 5 月	総務省東北総合通信局東日本大震災復興対策支援室長
平成25年 7 月	総務省総合通信基盤局電波部電波政策課電波利用料企画室長
平成27年 8 月	総務省総合通信基盤局電波部基幹通信課重要無線室長
平成28年 7 月	総務省情報通信国際戦略局技術政策課研究推進室長
平成29年 7 月	内閣官房内閣サイバーセキュリティセンター内閣参事官
令和 2 年 7 月	総務省総合通信基盤局電気通信事業部電気通信技術システム課長

総務省総合通信基盤局電気通信事業部消費者行政第一課長
Director, First Telecommunications Consumer Policy Division

片 桐 義 博（かたぎり　よしひろ）

昭和47年4月28日生．神奈川県出身．
桐蔭学園高校，東京大学法学部，ロンドン大学（LSE）

平成8年4月	郵政省入省
平成11年7月	豊川郵便局郵便課長
平成12年7月	電気通信局総務課総括係長
平成14年8月	内閣府本府総合規制改革会議事務室室長補佐
平成16年7月	総合通信基盤局電気通信事業部料金サービス課課長補佐
平成19年6月	外務省経済協力開発機構日本政府代表部一等書記官
平成22年7月	総合通信基盤局電気通信事業部事業政策課課長補佐
平成23年7月	情報通信国際戦略局国際政策課統括補佐
平成25年7月	総合通信基盤局電気通信事業部料金サービス課企画官
平成27年7月	国立研究開発法人情報通信研究機構国際推進部門北米連携センター長
平成30年4月	総合通信基盤局電波部電波環境課認証推進室長　併任　電波政策課
令和元年7月	総合通信基盤局電波部電波政策課企画官
令和2年7月	総合通信基盤局電気通信事業部消費者行政第一課長

総務省総合通信基盤局電気通信事業部消費者行政第二課長
Director, Second Telecommunications Consumer Policy Division

小 川 久仁子（おがわ　くにこ）

昭和48年3月29日生．東京都出身．
慶應義塾大学法学部,
タフツ大学フレッチャー法律外交大学院

平成7年4月	郵政省採用
平成20年1月	独立行政法人情報通信研究機構総合企画部評価室長
平成21年7月	総務省情報通信国際戦略局国際政策課統括補佐
平成23年7月	総合通信基盤局電気通信事業部消費者行政課企画官
平成25年5月	総合通信基盤局電気通信事業部消費者行政課企画官　併任　消費者行政課電気通信利用者情報政策室長
平成25年7月	総合通信基盤局電波部電波政策課企画官
平成27年7月	総合通信基盤局電波部移動通信課移動通信企画官
平成28年7月	個人情報保護委員会事務局参事官
平成30年7月	内閣官房内閣人事局内閣参事官（給与及び退職手当担当）
令和2年7月	総務省総合通信基盤局電気通信事業部消費者行政第二課長

総務省総合通信基盤局電波部長
Director-General of the Radio Department

鈴 木 信 也 (すずき　しんや)

昭和40年4月16日生．千葉県出身．
私立開成高校，東京大学法学部

平成元年4月	郵政省入省
平成13年7月	総務省郵政事業庁総務部人事課課長補佐
平成15年4月	青森県企画振興部次長
平成16年4月	青森県企画政策部理事
平成17年4月	総務省郵政行政局郵便企画課国際企画室長
平成17年8月	総務省郵政行政局総務課総合企画室長
平成19年10月	総務省大臣官房秘書課調査官
平成21年7月	総務省総合通信基盤局電波部基幹通信課長（併）消防庁国民保護・防災部参事官
平成22年7月	総務省総合通信基盤局電気通信事業部消費者行政課長
平成23年9月	人事院人材局交流派遣専門員
平成25年7月	総務省情報流通行政局衛星・地域放送課長
平成28年6月	総務省情報流通行政局放送政策課長（併）情報通信国際戦略局参事官（通信・放送総合戦略担当）
平成29年7月	総務省情報流通行政局総務課長
平成30年7月	総務省大臣官房参事官（秘書課担当）
令和2年7月	総務省総合通信基盤局電波部長

総合通信基盤局

総務省総合通信基盤局電波部電波政策課長

布施田　英　生（ふせだ　ひでお）

昭和42年9月20日生．福井県出身．
福井県立高志高校，電気通信大学電気通信学部

平成2年4月	郵政省入省
平成18年8月	総務省情報通信政策局放送技術課技術企画官
平成22年7月	総務省総合通信基盤局電気通信事業部電気通信技術システム課番号企画室長
平成23年7月	総務省情報通信国際戦略局通信規格課長
平成25年6月	総務省総合通信基盤局電波部移動通信課長
平成27年8月	内閣府参事官（イノベーション戦略推進担当）（政策統括官（科学技術・イノベーション担当）付）
平成29年7月	総務省情報通信国際戦略局技術政策課長
平成29年9月	総務省国際戦略局技術政策課長
平成30年7月	総務省総合通信基盤局電波部電波政策課長

総務省総合通信基盤局電波部基幹・衛星移動通信課長

片　桐　広　逸（かたぎり　こういち）

昭和43年3月16日生．山形県出身．
慶應義塾大学経済学部

平成4年4月	郵政省入省
平成19年7月	総務省総合通信基盤局電気通信事業部高度通信網振興課推進官
平成20年7月	総務省総合通信基盤局電気通信事業部電気通信技術システム課安全・信頼性対策室長
平成24年7月	総務省情報通信国際戦略局技術政策課国際共同研究企画官
平成25年12月	総務省情報通信国際戦略局国際戦略企画官
平成26年8月	総務省情報流通行政局地域通信振興課地域情報通信振興支援官
平成28年7月	総務省総合通信基盤局総務課情報通信政策総合研究官
平成29年7月	総務省総合通信基盤局電波部電波政策課 兼 電波環境課認証推進室長
平成30年4月	総務省総合通信基盤局電波部移動通信課移動通信企画官
令和元年7月	総務省総合通信基盤局電波部基幹・衛星移動通信課長

主要著書　「決定版5G」東洋経済新報社、2年5月刊

総務省総合通信基盤局電波部移動通信課長
Director Land Mobile Communications Division

翁　長　　久（おなが　ひさし）

平成 5 年 4 月	郵政省入省
平成20年 7 月	総務省情報通信国際戦略局技術政策課統括補佐
平成21年 7 月	国立大学法人東京大学先端科学技術研究センター特任准教授
平成24年 7 月	総務省情報通信国際戦略局技術政策課企画官
平成25年 7 月	独立行政法人情報通信研究機構経営企画部統括
平成27年 8 月	総務省沖縄総合通信事務所次長
平成29年 7 月	総務省国際戦略局宇宙通信政策課長
平成30年 7 月	内閣官房
令和 2 年 7 月	総務省総合通信基盤局電波部移動通信課長

総務省総合通信基盤局電波部電波環境課長
Director, Electromagnetic Environment Division

山　口　修　治（やまぐち　しゅうじ）

平成 5 年 4 月	郵政省入省
平成25年 7 月	総務省情報通信国際戦略局国際戦略企画官
平成27年 8 月	総務省情報通信国際戦略局通信規格課企画官
平成29年 7 月	内閣府本府宇宙開発戦略推進事務局参事官
令和元年 7 月	総務省国際戦略局通信規格課長
令和 2 年 7 月	総務省総合通信基盤局電波部電波環境課長

総務省統計局長
Director-General,Statistics Bureau

佐 伯 修 司 （さいき　しゅうじ）

昭和36年9月22日生．愛媛県出身．
東京大学法学部

昭和61年4月	総理府入府
平成13年7月	総務省行政評価局総務課企画官
平成14年6月	道路関係四公団民営化推進委員会事務局企画官
平成16年1月	道路関係四公団民営化推進委員会事務局参事官
平成16年7月	独立行政法人統計センター総務部総務課長 兼 経営企画室長
平成18年8月	内閣官房内閣参事官（内閣官房副長官補付）命 内閣官房行政改革推進室参事官（公益法人制度改革担当）
平成19年4月	内閣府公益認定等委員会事務局参事官
平成20年10月	内閣府公益認定等委員会事務局総務課長
平成22年1月	総務省行政評価局政策評価官
平成23年4月	内閣府本府地域主権戦略室参事官
平成25年1月	内閣府本府地方分権改革推進室参事官
平成25年7月	総務省統計局総務課長
平成26年7月	総務省大臣官房秘書課長
平成27年7月	総務省大臣官房審議官（大臣官房調整部門、行政管理局担当）
平成28年4月	総務省大臣官房審議官（大臣官房調整部門、行政管理局、統計局担当）
平成28年6月	総務省大臣官房審議官（大臣官房調整部門、統計局、統計情報戦略推進担当）
平成29年7月	総務省統計局統計調査部長
令和元年7月	総務省統計局長 併任 統計研究研修所長
令和2年7月	併任解除

総務省統計局総務課長

Director, General Affairs Division,Statistics Bureau

永 島 勝 利（ながしま　かつとし）

昭和42年11月10日生．東京都出身．
私立麻布高校，
東京大学大学院理学系研究科修士課程数学専攻

平成 4 年 4 月　総務庁入庁　平成21年 7 月　総務省統計局統計調査部消
費統計物価統計室長　平成24年 4 月　総務省統計局統計情報システム
課長　平成25年 4 月　総務省統計局統計調査部消費統計課長　平成26年
7 月　総務省統計局統計調査部経済基本構造統計課長　平成29年 1 月
総務省大臣官房付　併任　政策統括官付　併任　統計委員会担当室次長（政策
統括官付）併任　内閣官房副長官補付　命　内閣官房統計改革推進室参事官
平成30年 8 月　総務省統計局統計調査部調査企画課長　平成31年 2 月
総務省統計審査官（政策統括官付）併任　統計改革実行推進室参事官（政
策統括官付）併任　統計委員会担当室次長（政策統括官付）　令和元年 7
月　総務省大臣官房付　併任　政策統括官付　併任　統計改革実行推進室参事
官（政策統括官付）併任　統計委員会担当室次長（政策統括官付）併任　内
閣官房副長官補付　命　内閣官房統計改革推進室参事官　令和元年10月
総務省統計局総務課長　併任　政策統括官付　併任　統計改革実行推進室参事
官（政策統括官付）併任　統計委員会担当室次長（政策統括官付）併任　内
閣官房副長官補付　命　内閣官房統計改革推進室参事官
令和 2 年 7 月　併任解除

総務省統計局統計情報システム管理官

佐 藤 正 昭（さとう　まさあき）

昭和40年 4 月30日生．宮崎県出身．
宮崎県立宮崎西高校，東京大学工学部計数工学科（数理コース）

平成元年 4 月　総務庁入庁　平成 4 年 4 月　社会保険庁運営部企画課数理調査
室数理第 1 係長　平成 6 年 4 月　青少年対策本部国際交流振興係長　平成 8 年
4 月　総務庁統計局統計情報課課長補佐　平成10年 7 月　総理府大臣官房外政
審議室総括参事官補　平成12年 4 月　総務省統計局統計調査部経済統計課課長
補佐　平成13年 1 月　総務省統計局統計調査部消費統計課物価統計室課長補佐
平成13年 4 月　総務省統計局統計調査部調査企画課課長補佐　平成15年 1 月
内閣官房副長官補付　平成17年 8 月　総務省統計局統計調査部国勢統計課労働
力人口統計室長　平成19年 1 月　総務省統計局統計調査部消費統計課物価統計
室長　平成21年 7 月　総務省統計審査官（政策統括官付）　平成23年 8 月　内
閣府参事官（青年国際交流担当）（政策統括官（共生社会政策担当）付）併任
内閣府子ども若者・子育て施策総合推進室参事官　平成24年 4 月　総務省統計
局統計調査部経済基本構造統計課長　平成26年 7 月　総務省大臣官房付　併任
内閣府大臣官房参事官　併任　内閣府大臣官房統計委員会担当室参事官　平成26
年 8 月　総務省統計審査官（政策統括官付）併任　内閣府大臣官房統計委員会
担当室参事官　平成27年 7 月　総務省統計局統計調査部調査企画課統計調査研
究官　平成29年 4 月　総務省統計制度研究官（政策統括官付統計企画管理官
付）　令和元年 7 月　総務省国際統計研究官（政策統括官付国際統計管理官付）
令和 2 年 7 月　総務省統計局統計情報システム管理官　併任　政策統括官付

総務省統計局統計調査部長
Director-General, Statistical Survey Department, Statistics Bureau

井　上　　　卓（いのうえ　たかし）

昭和39年 7 月29日生．大阪府出身．
大阪府立高津高校，東京大学経済学部経済学科

昭和63年 4 月	総理府入府（行政監察局監察官付）
平成 7 年 4 月	総務庁青少年対策本部企画調整課課長補佐
平成 7 年 7 月	総務庁青少年対策本部国際交流復興担当参事官補佐
平成 9 年 6 月	内閣官房内閣安全保障室 併任 総理府大臣官房安全保障室参事官補
平成10年 4 月	内閣官房内閣安全保障・危機管理室 併任 大臣官房安全保障・危機管理室参事官補
平成11年 7 月	総理府大臣官房総理大臣官邸事務所長付秘書専門官 命 内閣官房副長官付 併任 内閣官房内閣参事官室
平成13年 1 月	内閣官房内閣総務官室 命 内閣副参事官
平成15年 7 月	内閣府男女共同参画局推進課配偶者間暴力対策調整官
平成17年 4 月	国土交通省河川局砂防部砂防計画課砂防管理室長
平成19年 7 月	内閣府大臣官房政策評価広報課長 併任 大臣官房参事官（総務課担当）
平成20年 3 月	日本学術会議事務局企画課長 命 国立国会図書館支部日本学術会議図書館長
平成21年 7 月	日本学術会議事務局企画課長
平成22年 7 月	総務省統計局統計調査部経済統計課長
平成24年 9 月	総務省統計局統計調査部調査企画課長
平成26年 7 月	総務省統計局総務課長
平成29年 3 月	独立行政法人統計センター理事
平成31年 4 月	総務省統計研究研修所長
令和元年 7 月	総務省統計局統計調査部長

総務省統計局統計調査部調査企画課長 併任 統計情報利用推進課長

Director of Survey Planning Division Statistical Survey Department
Statistics Bureau

佐 藤 紀 明 (さとう　のりあき)

昭和44年5月13日生. 秋田県出身.
秋田県立秋田高等学校, 東北大学法学部

平成5年4月　総理府入府　平成12年7月　経済企画庁国民生活局国民生活調査課課長補佐　平成13年1月　内閣府政策統括官（経済財政―経済社会システム）付参事官（市場システム）付参事官補佐　平成13年4月　併任 内閣府本府総合規制改革会議事務室室長補佐　平成14年8月　総務省行政管理局情報公開推進室室副管理官　平成16年7月　総務省自治行政局地域振興課課長補佐　併任 総務省自治行政局地域振興課過疎対策室課長補佐　平成19年4月　総務省自治行政局自治政策課国際室課長補佐　平成19年8月　総務省行政評価局総務課課長補佐　平成20年7月　行政改革推進本部事務局企画官平成21年7月　総務省大臣官房企画官（大臣官房総務課管理室・特別基金事業推進室担当）　平成23年10月　併任 総務省大臣官房企画課企画官　併任 総務省大臣官房企画課情報システム室長　平成24年7月　総務省大臣官房参事官（大臣官房総務課管理室・特別基金事業推進室担当）　平成25年6月　復興庁統括官付参事官　平成27年9月　内閣官房内閣参事官（内閣人事局）平成29年7月　独立行政法人統計センター経営審議室長　平成31年1月　独立行政法人統計センター総務部長　令和元年7月　総務省統計局統計調査部調査企画課長　令和2年7月　併任 統計情報利用推進課長

総務省統計局統計調査部国勢統計課長

Director,Population Census Division Statistical Survey Department
Statistics Bureau

阿 向 泰二郎 (あこう　たいじろう)

昭和45年8月3日生. 熊本県天草市出身. AB型
熊本県立済々黌高校, 九州大学

平成5年4月　総務庁入庁　平成13年1月　総務省大臣官房企画課課長補佐　平成15年7月　総務省行政管理局副管理官　平成16年7月　総務省統計局参事官補佐　平成19年7月　総務省統計局総務課課長補佐　平成20年4月　独立行政法人統計センター総務部経営企画室企画監　平成20年7月　独立行政法人統計センター総務部総務課長　平成23年7月　総務省行政管理局企画調整課企画官　平成25年6月　内閣官房副長官補付企画官 命 情報通信技術（ＩＴ）総合戦略室企画官　平成26年5月　総務省行政管理局管理官（政府情報システム基盤）併：行政管理局行政情報システム企画課（併：内閣官房（内閣官房副長官補付）併：内閣官房情報通信技術（IT）総合戦略室参事官）
平成27年7月　総務省統計局統計情報システム課長
平成28年6月　総務省統計局統計調査部消費統計課長
平成31年2月　総務省統計局統計調査部調査企画課長
令和元年7月　総務省統計局統計調査部国勢統計課長

総務省統計局統計調査部経済統計課長

Director, Economic Statistics Division, Statistical Survey Department
Statistics Bureau

上　田　　　聖（うえだ　せい）

昭和46年1月13日生．広島県出身．
東京理科大学大学院修了

平成7年4月	総務庁入庁
平成23年7月	独立行政法人統計センター総務部総務課長
平成25年4月	独立行政法人統計センター経営企画室長
平成25年6月	総務省統計局総務課調査官
平成26年7月	総務省統計局統計調査部消費統計課物価統計室長
平成27年7月	総務省統計審査官（政策統括官付）（併：内閣府大臣官房統計委員会担当室参事官）
平成28年4月	総務省統計審査官（政策統括官付）（併：総務省統計委員会担当室次長）
令和元年7月	総務省大臣官房付 併任 政策統括官付 併任 統計改革実行推進室参事官（政策統括官付）併任 統計委員会担当室次長（政策統括官付）併任 内閣官房副長官補付 命 内閣官房統計改革推進室参事官
令和2年7月	総務省統計局統計調査部経済統計課長

総務省統計局統計調査部消費統計課長

Director Consumer Statistics Division Statistical Survey Department
Statistics Bureau

小　松　　　聖（こまつ　さとる）

昭和45年10月2日生．千葉県出身．
千葉県立千葉東高等学校,
千葉大学大学院工学研究科

平成8年4月	総務庁入庁
平成18年4月	総務省統計局統計調査部経済統計課課長補佐
平成19年7月	総務省行政管理局行政情報システム企画課課長補佐
平成21年7月	総務省自治行政局地域政策課国際室課長補佐
平成22年4月	総務省統計局統計調査部調査企画課課長補佐
平成25年6月	独立行政法人統計センター総務部経営企画室長
平成27年4月	総務省受給・債権調査官（政策統括官付恩給業務管理官付）併任 総務省政策統括官付統計企画管理官付
平成27年7月	総務省統計局統計調査部消費統計課物価統計室長
平成29年7月	総務省統計局統計調査部経済統計課長
令和元年7月	総務省統計局統計調査部消費統計課長

総務省政策統括官（統計基準担当）（恩給担当）
命 統計改革実行推進室長
Director-General for Policy Planning

吉 開 正治郎（よしかい　しょうじろう）

昭和37年11月26日生. 福岡県出身.
東京大学経済学部

昭和62年 4 月	総務庁入庁
平成14年 8 月	総務省行政管理局企画調整課行政手続室長
平成15年 9 月	総務省大臣官房付 命 大臣秘書官事務取扱
平成17年10月	総務省行政評価局総務課企画官
平成18年 7 月	総務省行政評価局政策評価官
平成20年 7 月	総務省行政管理局管理官（国土交通）
平成22年 8 月	総務省人事・恩給局人事政策課長 併任 人事・恩給局（労働・国際担当）
平成24年 7 月	総務省人事・恩給局参事官（服務・勤務時間・人事評価、任用・交流担当）
平成24年 9 月	総務省大臣官房参事官
平成25年 6 月	総務省行政評価局評価監視官（独立行政法人第一担当 兼 独立行政法人第二、特殊法人等担当）
平成26年 4 月	総務省行政評価局行政相談課長
平成27年 7 月	総務省行政評価局総務課長
平成28年 6 月	総務省大臣官房秘書課長
平成29年 7 月	総務省大臣官房審議官（行政評価局担当）
平成30年 7 月	総務省大臣官房審議官（行政管理局担当）
令和元年 7 月	総務省大臣官房政策立案総括審議官 併任 公文書監理官
令和 2 年 7 月	総務省政策統括官（統計基準担当）（恩給担当）命 統計改革実行推進室長

総務省大臣官房審議官（統計局、統計基準、統計
情報戦略推進担当）命 統計改革実行推進室次長

岩 佐 哲 也 （いわさ　てつや）

昭和40年9月25日生. 長崎県出身.
私立青雲高校, 東京大学工学部

平成2年4月	総務庁入庁
平成9年6月	青少年対策本部国際交流振興担当参事官補佐
平成13年1月	内閣府男女共同参画局総務課課長補佐（総括・企画調整担当）
平成14年7月	総務省行政管理局行政情報システム企画課課長補佐（総括担当）
平成17年8月	内閣府本府規制改革・民間開放推進室企画官
平成19年7月	総務省大臣官房企画課企画官
平成21年1月	総務省統計局統計調査部経済統計課長
平成21年4月	総務省統計局統計調査部経済基本構造統計課長
平成24年4月	総務省統計局統計調査部国勢統計課長
平成28年6月	総務省大臣官房参事官（総務課担当）
平成29年4月	総務省統計局総務課長 併任 統計作成支援課長
平成31年4月	総務省統計局総務課長 併任 事業所情報管理課長
令和元年7月	総務省大臣官房審議官（統計局、統計基準、統計情報戦略推進担当）命 統計改革実行推進室次長 併任 統計局総務課長
令和元年10月	統計局総務課長の併任解除

総務省国際統計交渉官（政策統括官付）

千 野 雅 人（ちの　まさと）

昭和37年 2 月 8 日生．山梨県出身．
山梨県立甲府南高校，東京大学理学部数学科

昭和59年 4 月	総理府入府（統計局消費統計課）
平成10年 7 月	総務庁統計局統計調査部国勢統計課調査官（総務課総括課長補佐 併任）
平成11年 4 月	通商産業省生活産業局総務課生活文化産業企画官（サービス産業課デザイン政策室長 併任）
平成11年 7 月	通商産業省生活産業局総務課企画官（人間生活システム企画室長 併任）
平成13年 1 月	総務省統計局統計調査部国勢統計課労働力人口統計室長
平成15年 4 月	日本学術会議事務局学術情報国際課長
平成16年 7 月	総務省統計局統計調査部経済統計課長
平成19年 1 月	総務省統計局統計調査部国勢統計課長
平成21年 7 月	総務省統計局統計調査部調査企画課長
平成22年 7 月	総務省統計企画管理官
平成24年 8 月	独立行政法人統計センター理事
平成27年 4 月	総務省大臣官房審議官（恩給、統計局担当）
平成27年 7 月	総務省統計局統計調査部長
平成29年 7 月	総務省統計局長
平成30年 4 月	統計研究研修所長を併任
平成31年 4 月	統計研究研修所長の併任解除
令和元年 7 月	総務省国際統計交渉官（政策統括官付）

総務省統計企画管理官（政策統括官付）
Director for Statistical Planning

山 田 幸 夫（やまだ　ゆきお）

昭和44年1月15日生．埼玉県出身．
中央大学法学部

平成4年4月	総務庁入庁
平成19年7月	総務省人事・恩給局総務課企画官 併任 内閣官房副長官補付 命 内閣官房行政改革推進室企画官 併任 行政改革推進本部事務局企画官
平成21年10月	総務省行政管理局企画調整課企画官 併任 行政管理局行政情報システム企画課
平成23年7月	総務省行政管理局企画調整課企画官 併任 内閣官房副長官補付企画官 命内閣官房情報通信技術（IT）担当室室員
平成24年4月	総務省大臣官房付 併任 内閣官房内閣参事官 命 内閣官房情報通信技術（IT）担当室室員 兼命 内閣官房行政改革実行本部事務局参事官
平成25年4月	総務省統計審査官（政策統括官付）
平成27年4月	独立行政法人統計センター経営審議室長
平成29年7月	総務省統計局統計調査部国勢統計課長
令和元年7月	総務省統計企画管理官（政策統括官付）

総務省統計審査官（政策統括官付）
Director for Statistical Clearance

内 山 昌 也（うちやま　まさや）

昭和40年7月3日生．京都府出身．
神戸大学法学部

昭和63年4月	総務庁入庁
平成27年4月	総務省国際統計企画官（政策統括官付国際統計管理官付）
平成31年2月	併任 総務省統計委員会担当室企画官（政策統括官付）
令和2年4月	総務省統計審査官（政策統括官付）

総務省統計審査官（政策統括官付）併任 統計改革実行推進室参事官（政策統括官付）併任 統計局事業所情報管理課長

植 松 良 和（うえまつ　よしかず）

昭和48年6月15日生．石川県出身．
東京大学大学院数理科学研究科

平成10年4月	総務庁入庁　平成19年7月　総務省統計局総務課統計専門官　平成20年4月　内閣府経済社会総合研究所国民経済計算部企画調査課課長補佐
平成22年7月	総務省統計局統計調査部経済統計課課長補佐
平成24年8月	内閣府政策統括官（経済社会システム担当）付参事官付参事官補佐
平成26年7月	総務省政策統括官付統計企画管理官付統計企画管理官補佐
平成27年7月	総務省政策統括官付恩給業務管理官付受給・債権調査官
平成28年4月	総務省政策統括官付統計審査官付調査官
平成29年7月	併任 総務省政策統括官付統計改革実行推進室企画官
平成30年8月	併任 総務省政策統括官付統計委員会担当室次長
令和元年7月	総務省統計局事業所情報管理課長
令和2年7月	総務省統計審査官（政策統括官付）併任 統計改革実行推進室参事官（政策統括官付）併任 統計局事業所情報管理課長

総務省統計審査官（政策統括官付）併任 政策統括官付統計企画管理官付併任 統計委員会担当室次長（政策統括官付）
Director for Statistical Clearance

栗 原 直 樹（くりはら　なおき）

昭和44年9月2日生．群馬県出身．
群馬県立高崎高校，東京大学理学部

平成5年4月	総理府入府
平成17年11月	総務省大臣官房企画課課長補佐
平成18年9月	総務省大臣官房総務課課長補佐
平成20年8月	総務省統計局統計調査部調査企画課調査官
平成21年7月	総務省統計局統計調査部国勢統計課労働力人口統計室長
平成24年7月	総務省統計局統計調査部消費統計課物価統計室長
平成26年7月	総務省統計局統計調査部消費統計課長
平成28年6月	農林水産省大臣官房統計部統計企画管理官
平成30年7月	総務省統計局統計利用推進課長
平成31年2月	総務省統計局統計調査部消費統計課長
平成31年4月	統計委員会担当室次長（政策統括官付）を併任
令和元年7月	総務省統計審査官（政策統括官付）併任 政策統括官付統計企画管理官付　併任 統計委員会担当室次長（政策統括官付）

総務省国際統計管理官（政策統括官付）
Director for International Statistical Affairs

津 村　 晃（つむら　あきら）

昭和44年5月13日生．東京都出身．
筑波大学附属駒場高校，東京大学法学部，
シラキュース大学公共経営学大学院・情報学大学院

平成6年4月　総務庁入庁　平成13年7月　内閣府政策統括官付参事官付
参事官補佐（国際交流）　平成15年7月　総務省行政管理局企画調整課課
長補佐（企画調整）　平成17年4月　総務省行政管理局副管理官（経済産
業省・環境省担当）　平成18年1月　行政改革推進本部事務局公務員制度
等改革推進室参事官補佐（配置転換）　平成18年7月　総務省行政管理局
副管理官（経済産業省・環境省担当）　平成18年12月　行政改革推進本部
事務局公務員制度改革等担当参事官補佐（再就職規制）　平成19年7月
総務省人事・恩給局総務課課長補佐（総括）　平成19年11月　総務省人事・
恩給局国家公務員退職手当法改正検討室室長補佐　平成21年8月　総務省
行政管理局副管理官（定員総括）　平成23年7月　総務省行政管理局企画
調整課企画官　平成25年6月　総務省行政評価局政策評価官室調査官　平
成26年5月　総務省行政評価局政策評価課企画官　平成26年7月　経済産
業省地域経済産業グループ産業施設課長　平成28年7月　船橋市副市長
平成29年8月　総務省統計局統計情報システム管理官　併任　統計改革実行
推進室参事官（政策統括官付）　平成31年1月　総務省国際統計管理官
（政策統括官付）併任　統計改革実行推進室参事官（政策統括官付）

総務省恩給企画管理官（政策統括官付）

熊 木 利 行（くまき　としゆき）

昭和36年4月13日生．新潟県出身．
駒澤大学法学部

昭和55年4月　総理府入府
平成19年4月　総務省人事・恩給局恩給企画課課長補佐
平成24年4月　総務省人事・恩給局総務課調査官
平成26年4月　総務省人事・恩給局総務課恩給審理官
平成26年5月　総務省恩給審理官（政策統括官付恩給企画管理官付）
平成29年4月　総務省恩給審査官（政策統括官付恩給企画管理官付）
令和2年4月　総務省恩給企画管理官（政策統括官付）

総務省恩給業務管理官（政策統括官付）

阿 部 靖 典（あべ　やすのり）

昭和35年 4 月 5 日生．長野県出身．
法政大学文学部

昭和54年 4 月	総理府入府
平成21年10月	総務省人事・恩給局総務課課長補佐
平成23年 4 月	総務省人事・恩給局総務課調査官
平成24年 4 月	総務省統計局総務課企画官 併任 大臣官房秘書課
平成26年 5 月	内閣官房内閣人事局企画官
平成28年 4 月	総務省情報処理調整官（政策統括官付恩給業務管理官付）併任 政策統括官付恩給企画管理官付
平成29年 4 月	総務省恩給業務管理官（政策統括官付）

初等中等教育の遠隔教育の実施状況（2019年 3 月現在、N＝1,815自治体）

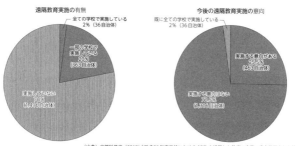

（出典）文部科学省（2019）「平成30年度学校における ICT を活用した教育の実態・意向等調査」を基に作成

総務省サイバーセキュリティ統括官
Director-General for Cyber Security

田 原 康 生 (たわら　やすお)

昭和38年7月8日生．千葉県出身．
銚子市立銚子高校，慶應義塾大学理工学部計測工学科，
慶應義塾大学大学院理工学研究科

昭和63年4月	郵政省入省
平成7年7月	郵政省通信政策局技術政策課標準化推進室課長補佐
平成9年7月	郵政省電気通信局電波部移動通信課無線局検査官
平成12年7月	郵政省電気通信局電波部計画課周波数調整官
平成13年1月	総務省大臣官房企画課課長補佐
平成14年7月	内閣官房情報通信技術（IT）担当室主幹
平成15年8月	総務省東北総合通信局情報通信部長
平成16年7月	独立行政法人情報通信研究機構総務部統括
平成18年7月	総務省情報通信政策局技術政策課研究推進室長
平成20年7月	総務省総合通信基盤局電気通信事業部電気通信技術システム課長
平成22年7月	総務省総合通信基盤局電波部移動通信課長
平成25年6月	総務省情報通信国際戦略局技術政策課長
平成26年7月	総務省総合通信基盤局電波部電波政策課長
平成29年7月	総務省九州総合通信局長
平成30年7月	総務省総合通信基盤局電波部長
令和2年7月	総務省サイバーセキュリティ統括官

総務省サイバーセキュリティ統括官付参事官（総括担当）

中 溝 和 孝（なかみぞ　かずたか）

昭和44年9月9日生．東京都出身．
私立桐蔭学園高校，東京大学法学部

平成5年4月	郵政省採用
平成15年6月	総務省総合通信基盤局電気通信事業部消費者行政課課長補佐
平成16年6月	在OECD日本政府代表部一等書記官
平成19年7月	総務省総合通信基盤局総務課課長補佐（統括担当）
平成20年7月	総務省情報通信国際戦略局情報通信政策課課長補佐（統括補佐）
平成21年7月	総務省中国総合通信局放送部長
平成23年9月	総務省情報通信国際戦略局情報通信政策課調査官
平成24年6月	在アメリカ合衆国日本国大使館参事官
平成27年7月	国立研究開発法人情報通信研究機構産業振興部門長
平成29年7月	総務省情報通信国際戦略局通信規格課長
平成30年7月	総務省総合通信基盤局電気通信事業部消費者行政第二課長
令和2年7月	総務省サイバーセキュリティ統括官付参事官（総括担当）

総務省サイバーセキュリティ統括官付参事官（政策担当）
Director, Office of the Director-General for Cybersecurity

高 村　　信（たかむら　しん）

昭和45年5月23日生．東京都出身．
開成高校，早稲田大学理工学部電気工学科，
早稲田大学大学院理工学研究科電気工学専攻

平成8年4月	郵政省入省
平成15年8月	総務省情報通信政策局情報セキュリティ対策室課長補佐 兼 内閣官房情報セキュリティ対策推進室（内閣官房情報セキュリティセンター）
平成18年7月	総務省総合通信基盤局データ通信課課長補佐
平成20年7月	総務省総合通信基盤局事業政策課課長補佐
平成22年7月	総務省情報通信国際戦略局研究推進室課長補佐
平成24年8月	総務省情報通信国際戦略局技術政策課政策統括補佐
平成26年8月	独立行政法人情報通信研究機構経営企画部シニアマネージャ
平成28年7月	総務省情報通信国際戦略局国際戦略企画官 兼 総合通信基盤局データ通信課企画官
平成30年7月	総務省国際戦略局技術政策課研究推進室長 兼 内閣府政策統括官（科学技術・イノベーション担当）付
令和2年7月	総務省サイバーセキュリティ統括官付参事官（政策担当）

総務省サイバーセキュリティ統括官付参事官（国際担当）
Director, Office of the Director-General for Cybersecurity

海 野 敦 史（うみの　あつし）

昭和46年 9 月29日生．東京都出身．
私立桐蔭学園高校，東京大学教養学部，
英国ケンブリッジ大学大学院修士課程（M.Phil.）

平成 6 年 4 月	郵政省入省
平成24年 8 月	総務省総合通信基盤局電気通信事業部料金サービス課企画官
平成25年 7 月	一般財団法人マルチメディア振興センターワシントン事務所長
平成28年 7 月	国土交通省道路局路政課道路利用調整室長
平成30年 7 月	総務省行政評価局評価監視官（農林水産、防衛担当）
令和 2 年 7 月	総務省サイバーセキュリティ統括官付参事官（国際担当）

主要著書　『通信の自由と通信の秘密──ネットワーク社会における再構成』（尚学社、2018年）、『「通信の秘密不可侵」の法理──ネットワーク社会における法解釈と実践』（勁草書房、2015年）、『行政法綱領──行政法学への憲法学的接近──』（晃洋書房、2011年）、『公共経済学への招待』（晃洋書房、2010年）、『観光とまちづくり──地域を活かす新しい視点』〔共著〕（古今書院、2010年）ほか

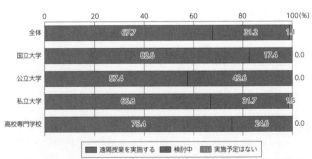

遠隔授業の活用に関する検討状況（5月12日20時00分時点）

（出典）文部科学省（2020）「新型コロナウイルス感染症対策に関する大学等の対応状況について」を基に作成

総務省行政不服審査会事務局総務課長

渡 邉 浩 之（わたなべ　ひろゆき）

平成 7 年 4 月　総務庁入庁
平成29年 7 月　復興庁統括官付参事官
平成31年 4 月　総務省行政不服審査会事務局総務課長

放送事業者の新型コロナウイルスによる臨時休校に対する教育支援

事業者	概要
北海道放送、札幌テレビ放送、北海道テレビ放送、北海道文化放送、テレビ北海道	北海道教育委員会と連携し、家庭での学習や学習習慣・生活習慣の確立を支援する「ほっかいどう子ども応援テレビ」を 4 月27日から 5 月 6 日まで放送 小・中・高校・特別支援学校向けの学習ガイダンス、音楽遊び、心のケアなどを、平日と土曜日の日中にメインチャンネルやサブチャンネルで放送
TOKYO MX	学校で行う「朝の会」と「帰りの会」をイメージして、休校で乱れがちな子供たちの生活リズムを整えてもらうことを狙い、4 月15日から小学生向け番組「TOKYO おはようスクール」を放送
テレビ大阪	大阪市教育委員会と連携し、市内の小学生から高校生を対象に学習支援特別番組「おうちスクール大阪」をサブチャンネルで放送
熊本放送、テレビ熊本、熊本県民テレビ、熊本朝日放送、NHK	4 月20日から熊本のテレビ局が揃って学習支援特別テレビ番組「くまもっと まなびたいム」を開始 熊本放送が小学校低学年、テレビ熊本が小学校中学年、熊本朝日放送が小学校高学年、熊本県民テレビが中学生を担当し、NHK は日替わりで対象を変えて美術などのプログラムを組んだ

（出典）一般社団法人日本民間放送連盟HP

総務省大臣官房審議官（行政評価局担当）併任 情報公開・個人情報保護審査会事務局長

吉牟田　　　剛（よしむた　つよし）

昭和37年9月29日生. 長崎県出身.
長崎県立佐世保西高校, 東京大学経済学部経済学科,
ハーバード大学ケネディ・スクール, 大阪大学博士（国際公共政策）

昭和63年4月	総理府入府
平成11年7月	在アメリカ合衆国日本国大使館一等書記官
平成14年9月	内閣官房行革事務局公務員制度等改革推進室企画官
平成16年8月	総務省人事・恩給局企画官
平成16年9月	行政改革大臣秘書官事務取扱
平成17年10月	内閣官房行革事務局行政改革推進調整室企画官
平成19年7月	内閣官房内閣広報室内閣参事官（官邸報道室長）
平成21年7月	総務省行政管理局管理官（情報担当）
平成21年10月	総務省行政管理局行政情報システム企画課長
平成24年7月	総務省人事・恩給局人事政策課長
平成25年6月	総務省人事・恩給局恩給企画課長
平成26年5月	総務省恩給企画管理官（政策統括官付）
平成26年7月	総務省大臣官房政策評価広報課長
平成27年7月	総務省統計企画管理官（政策統括官付）
平成29年7月	内閣府大臣官房審議官（地方分権改革担当）併任 内閣府本府地方分権改革推進室次長 併任 内閣官房内閣審議官（内閣官房副長官補付）
平成30年5月	総務省公害等調整委員会事務局次長
令和2年7月	総務省大臣官房審議官（行政評価局担当）併任 情報公開・個人情報保護審査会事務局長

総務省情報公開・個人情報保護審査会事務局総務課長

福　田　　　勲（ふくだ　いさお）

山形県出身.

平成28年6月	厚生労働省社会・援護局援護・業務課長
平成30年7月	内閣官房内閣参事官（内閣官房副長官補付）併任　内閣府参事官（総括担当）（政策統括官（経済財政運営担当）付）併任　内閣府本府地方分権改革推進室参事官
令和2年7月	総務省情報公開・個人情報保護審査会事務局総務課長

事務局等

遠隔健康医療相談サービスに対する満足度（2020年2月10日-26日、0-10点で判断）

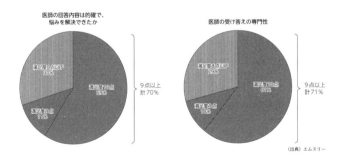

（出典）エムスリー

総務省官民競争入札等監理委員会事務局長
併任 行政管理局公共サービス改革推進室長

渡 部 良 一（わたなべ りょういち）

昭和41年6月10日生．新潟県出身．
慶應義塾大学経済学部

平成元年4月	経済企画庁入庁（物価局物価政策課）
平成3年4月	経済企画庁国民生活局国民生活調査課
平成5年7月	経済企画庁調整局財政金融課
平成6年6月	ミシガン大学大学院留学
平成8年6月	経済企画庁調査局海外調査課課長補佐
平成10年7月	経済企画庁調整局経済協力第二課課長補佐
平成12年6月	外務省在タイ日本国大使館一等書記官
平成15年8月	内閣府大臣官房総務課課長補佐（調整第2担当）
平成16年8月	内閣府大臣官房企画調整課課長補佐（総括担当）
平成17年7月	京都大学（経済研究所付属先端政策分析研究センター准教授）
平成19年7月	内閣府大臣官房政策評価広報課報道室長
平成20年4月	独立行政法人国民生活センター総務企画部企画調整課長
平成21年9月	消費者庁企画課企画官
平成22年8月	日本学術会議事務局参事官（国際業務担当）
平成24年4月	内閣府大臣官房政策評価広報課長
平成25年8月	内閣府経済社会総合研究所上席主任研究官 兼 内閣官房内閣参事官（内閣官房副長官補付）
平成28年1月	内閣府大臣官房企画調整課長 兼 迎賓館運営の在り方検討室次長
平成30年8月	内閣官房内閣参事官（内閣情報調査室）
令和2年8月	内閣府大臣官房審議官（消費者委員会、規制改革推進室次長、経済社会総合研究所総括政策研究官）兼 総務省官民競争入札等監理委員会事務局長 併任 行政管理局公共サービス改革推進室長

総務省官民競争入札等監理委員会事務局参事官

小 原 邦 彦（こはら　くにひこ）

昭和42年2月10日生．岡山県出身．
東京大学法学部

平成 3 年 4 月　総務庁入庁
平成24年 9 月　総務省行政評価局評価監視官（厚生労働等担当）
平成26年 7 月　総務省恩給企画管理官（政策統括官付）
平成27年 7 月　総務省公害等調整委員会事務局総務課長
平成30年 4 月　総務省官民競争入札等監理委員会事務局参事官

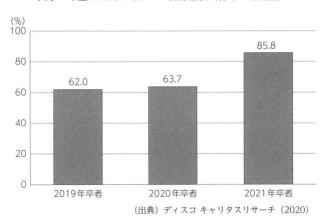

大学 4 年生のWebセミナーの視聴経験（各年 4 月調査）

（出典）ディスコ キャリタスリサーチ（2020）

総務省大臣官房総括審議官（広報、政策企画（主））（併）電気通信紛争処理委員会事務局長

Director-General for Policy Coordination/Director-General,
Telecommunications Dispute Settlement Commission's Secretariat

吉 田 博 史 (よしだ　ひろし)

昭和38年11月3日生．東京都出身．

昭和62年4月	郵政省入省
平成19年7月	総務省情報通信政策局地上放送課長
平成20年7月	総務省情報流通行政局地上放送課長
平成24年8月	総務省総合通信基盤局電気通信事業部事業政策課長
平成27年7月	総務省大臣官房参事官（秘書課担当）
平成28年6月	総務省情報通信国際戦略局参事官
平成29年7月	経済産業省大臣官房審議官（ＩＴ戦略担当）
令和元年7月	総務省大臣官房審議官（情報流通行政局担当）
令和2年7月	総務省大臣官房総括審議官（広報、政策企画（主））（併）電気通信紛争処理委員会事務局長

総務省電気通信紛争処理委員会事務局参事官
Deputy Director-General Telecommunications Dispute Settlement Commission's Secretariat

和久屋　聡 （わくや　さとし）

平成27年7月	国土交通省総合政策局行政情報化推進課長
平成29年7月	総務省公害等調整委員会事務局審査官
令和元年7月	総務省電気通信紛争処理委員会事務局参事官

事務局等

総務省審理官
Hearing Examiner Radio Regulatory Council

藤田　和重 （ふじた　かずしげ）
昭和43年8月21日生．青森県出身．
青森県立八戸高校，東京大学工学部電気工学科

平成3年	郵政省入省
平成21年7月	総務省情報通信国際戦略局技術政策課企画官
平成23年7月	総務省情報通信国際戦略局通信規格課企画官
平成24年8月	東京工業大学ソリューション研究機構特任教授
平成27年8月	総務省情報通信国際戦略局通信規格課長
平成28年6月	国立研究開発法人情報通信研究機構オープンイノベーション推進本部イノベーション推進部門長
平成30年7月	総務省総合通信基盤局電気通信事業部電気通信技術システム課長
令和元年7月	総務省審理官

総務省自治大学校長

赤 松 俊 彦（あかまつ　としひこ）

昭和38年 3 月11日生．兵庫県出身．
兵庫県立洲本高校，京都大学法学部

昭和62年 4 月	自治省入省
平成 5 年 4 月	秋田県企画調整部交通政策課長
平成 6 年 4 月	秋田県生活環境部県民生活課長
平成 7 年 5 月	沖縄開発庁振興局振興総務課専門官
平成 8 年 4 月	福岡県商工部通商観光課長
平成 9 年12月	福岡県総務部地方課長
平成11年 5 月	自治省大臣官房総務課課長補佐
平成11年 8 月	兼 自治大学校教授
平成12年 4 月	自治省 兼 大臣官房文書課課長補佐
平成13年 1 月	呉市助役
平成16年 7 月	国土交通省都市・地域整備局地方整備課調整官（命 内閣官房都市再生本部事務局企画官）
平成18年 4 月	金沢大学大学院人間社会環境研究科教授
平成20年 4 月	金沢大学人間社会研究地域法学系教授
平成21年 4 月	総務省自治行政局地域政策課国際室長
平成22年 4 月	島根県総務部長
平成25年 4 月	総務省消防庁国民保護・防災部防災課長
平成26年 4 月	総務省自治行政局公務員部福利課長
平成27年 7 月	総務省自治行政局選挙部選挙課長
平成28年 7 月	栃木県副知事
平成30年 7 月	衆議院事務局庶務部副部長
令和元年 8 月	総務省自治行政局選挙部長
令和 2 年 7 月	総務省自治大学校長

総務省情報通信政策研究所長
Director-General, Institute for Information and Communications Policy

高 地 圭 輔 (たかち　けいすけ)

昭和43年12月19日生．東京都出身．
私立武蔵高等学校，東京大学法学部，
九州大学大学院経済学府博士後期課程

平成 3 年 4 月	郵政省入省
平成18年 8 月	総務省情報通信政策局総合政策課課長補佐
平成19年 7 月	総務省総合通信基盤局市場評価企画官
平成21年 7 月	総務省地域力創造グループ地域情報政策室長
平成23年 7 月	人事院出向（官民交流、株式会社インターネットイニシアティブ）
平成25年 7 月	総務省情報通信国際戦略局国際経済課長
平成26年 7 月	総務省情報通信国際戦略局付
平成28年 6 月	総務省情報通信国際戦略局参事官（インターネット国際戦略担当）
平成29年 7 月	総務省総合通信基盤局電波部基幹・衛星移動通信課長
平成30年 7 月	総務省国際戦略局国際政策課長
令和元年 7 月	総務省大臣官房会計課長 併：予算執行調査室長
令和 2 年 7 月	総務省情報通信政策研究所長

主要著書　「自治体クラウド」学陽書房、2011年 9 月（共著），「The Smart Revolution Towards the Sustainable Digital Society」Edward Edgar、2015年 9 月（共著）

資格　博士（経済学、九州大学）

施設等機関・特別の機関

総務省統計研究研修所長
Director-General Statistical Research and Training Institute

平 池 栄 一 （ひらいけ　えいいち）

昭和41年12月2日生．鳥取県出身．
鳥取県立米子東高校，東京大学法学部

平成3年4月	総務庁入庁
平成19年7月	総務省人事・恩給局総務課企画官
平成20年8月	内閣官房茂木国務大臣秘書官事務取扱
平成20年9月	内閣官房甘利国務大臣秘書官事務取扱
平成21年9月	総務省人事・恩給局総務課企画官
平成22年1月	総務省行政評価局評価監視官（独立行政法人第二、特殊法人等担当）
平成23年7月	総務省行政管理局管理官（内閣・内閣府・総務・財務・金融等）
平成24年1月	内閣官房行政改革実行本部事務局参事官
平成25年1月	内閣官房行政改革推進本部事務局参事官
平成25年6月	総務省行政管理局管理官（外務・防衛・農林水産等）
平成26年7月	内閣官房内閣参事官（内閣人事局）（併）総務省行政管理局管理官（内閣・内閣府・総務・財務・金融等）
平成27年8月	併任解除
平成29年7月	内閣官房内閣参事官（内閣人事局）併任 内閣府本府地方分権改革推進室参事官
令和2年7月	総務省統計研究研修所長

総務省政治資金適正化委員会事務局長

井　上　　　勉（いのうえ　つとむ）

昭和44年8月6日生．埼玉県出身．
東京大学法学部

平成 4 年 4 月	自治省入省
平成 8 年 9 月	長野県企画課企画幹
平成11年 4 月	長野県企画課長
平成13年 4 月	長野県市町村課長
平成14年 4 月	長野県財政課長
平成14年11月	総務省自治行政局選挙部政治資金課課長補佐
平成16年 4 月	総務省大臣官房総務課課長補佐
平成17年 8 月	内閣官房構造改革特区推進室室員 兼 内閣官房地域再生推進室室員
平成19年 4 月	福島県地域づくり領域総括参事
平成20年 4 月	福島県企画調整部長
平成22年 4 月	総務省自治行政局選挙部政治資金課支出情報開示室長
平成23年 4 月	四日市市副市長
平成27年 4 月	地方公務員災害補償基金訟務課長
平成27年 7 月	内閣官房内閣参事官（内閣情報調査室）
平成29年 7 月	総務省自治行政局選挙部政治資金課長
令和元年 8 月	総務省自治行政局公務員部福利課長
令和 2 年 7 月	総務省政治資金適正化委員会事務局長

施設等機関・
特別の機関

総務省政治資金適正化委員会事務局参事官

安 藤 高 明（あんどう　たかあき）

昭和47年3月27日生．佐賀県出身．
佐賀県立佐賀西高等学校，九州大学法学部

平成6年4月	郵政省入省
平成22年7月	総務省大臣官房総務課課長補佐
平成23年7月	人事院人材局交流派遣専門員（官民交流）
平成25年1月	内閣官房郵政民営化推進室企画官
平成27年11月	総務省総合通信基盤局電気通信事業部電気通信技術システム課安全・信頼性対策室長
平成29年7月	総務省情報公開・個人情報保護審査会事務局審査官
令和元年7月	総務省政治資金適正化委員会事務局参事官

各国における接触確認アプリの比較（プライバシーと公衆衛生のバランス）

国	導入時期 （DL数）	接触把握方法 （位置情報利用／Bluetooth利用）	電話番号等の 個人情報取得	属性者データ管理 （中央サーバー型／ 個別端末分散型）
中国	2月 （不明）	自己申告 （位置情報、決済情報等は当局が 把握可能）	電話番号等を予めプラットフォーマーのアプリの際に取得	中央サーバー型
インド	4月11日 （9000万以上： 人口比7%）	位置情報 ＋ Bluetooth	位置情報・電話番号取得 （氏名、年齢、性別、職業、渡航歴、喫煙歴も取得）	中央サーバー型
イスラエル	3月22日 （150万以上： 人口比17%）	位置情報 （Bluetooth併用型の開発を進める）	位置情報	分散型
オーストラリア	4月26日 （500万以上： 人口比20%）	Bluetooth	電話番号取得 （氏名、郵便番号、年代も取得）	中央サーバー型
シンガポール	3月20日 （140万以上： 人口比25%）	Bluetooth	電話番号取得	中央サーバー型
英国、フランス	5月中	Bluetooth	なし	中央サーバー型を 検討中
ドイツ、スイス、 エストニア 等	5月中	Bluetooth	なし	分散型を検討中 （Google・Appleの API活用）

（出典）新型コロナウイルス感染症対策テックチーム事務局（2020）「接触確認アプリの導入に係る各国の動向等について」

総務省北海道管区行政評価局長
Director-General of the Hokkaido Regional Administrative
Evaluation Bureau

川　村　一　郎 （かわむら　いちろう）

昭和42年8月2日生. 神奈川県出身.
東京大学法学部

平成23年7月	総務省情報通信政策研究所調査研究部長
平成24年7月	総務省電気通信紛争処理委員会事務局参事官
平成26年7月	総務省行政評価局評価監視官（復興、国土交通担当）
平成28年7月	一般財団法人マルチメディア振興センター特別研究主幹 兼 プロジェクト企画部長
平成30年7月	総務省信越総合通信局長
令和元年7月	総務省四国総合通信局長
令和2年7月	総務省北海道管区行政評価局長

地方管区行政評価局

総務省東北管区行政評価局長

Director-General of the Tohoku Regional Administrative Evaluation
Bureau

森　丘　　宏（もりおか　ひろし）

昭和38年8月21日生．神奈川県出身．
東京大学法学部第Ⅱ類学科

昭和61年4月	総務庁入庁
平成13年7月	総務省行政管理局行政情報システム企画課国際企画官
平成15年1月	総務省統計センター管理部管理課長
平成15年4月	独立行政法人統計センター総務部総務課長
平成15年10月	総務省大臣官房参事官
平成17年4月	公害等調整委員会事務局審査官
平成20年7月	内閣府官民競争入札等監理委員会事務局参事官
平成22年7月	内閣府官民人材交流センター総務課長
平成23年7月	農林水産省大臣官房参事官（兼 農村振興局）
平成24年9月	内閣府情報公開・個人情報保護審査会事務局総務課長
平成26年7月	内閣官房まち・ひと・しごと創生本部設立準備室参事官
平成26年9月	内閣官房まち・ひと・しごと創生本部事務局参事官
平成26年10月	内閣府大臣官房公文書管理課長
平成28年6月	日本下水道事業団監査室長
平成29年7月	危険物保安技術協会理事
令和元年7月	総務省大臣官房審議官（行政評価局担当）併任 情報公開・個人情報保護審査会事務局長
令和2年7月	総務省東北管区行政評価局長

総務省関東管区行政評価局長
Director-General of the Kanto Regional Administrative Evaluation
Bureau

水　上　　　保（みずかみ　たもつ）

昭和37年 3 月15日生．東京都出身．
東京都立戸山高校，東京大学法学部

昭和60年 4 月	総務庁入庁（人事局）
昭和62年 4 月	総理府広報室
平成元年 1 月	総務庁長官官房総務課審査係長
平成 3 年 7 月	沖縄開発庁総務局企画課企画第 2 係長
平成 4 年 7 月	厚生省児童家庭局母子衛生課課長補佐
平成 6 年 7 月	総務庁老人対策室企画第 1 担当参事官補
平成 7 年 6 月	総理府広報室企画・連絡第 1 担当参事官補
平成 9 年 8 月	総理大臣官邸事務所長付秘書専門官
平成11年 7 月	郵政省簡易保険局資金運用課運用分析室長
平成12年 7 月	郵政省簡易保険局資金運用課総括専門官（運用分析担当）
平成13年 1 月	内閣府政策統括官（総合企画調整担当）付参事官付調査官
平成14年 7 月	総務省大臣官房参事官
平成15年10月	総務省人事・恩給局公務員高齢対策課長
平成17年 1 月	総務省人事・恩給局参事官（管理運用・交流担当）
平成18年 7 月	内閣官房内閣参事官（内閣官房副長官補）
平成19年10月	総務省大臣官房付
平成20年12月	内閣府官民人材交流センター総務課長
平成22年 7 月	総務省統計局統計調査部調査企画課長
平成24年 9 月	総務省統計局総務課長
平成25年 7 月	内閣府公益認定等委員会事務局次長 併任 内閣府大臣官房公益法人行政担当室次長
平成26年 7 月	総務省大臣官房参事官（統計局担当）
平成27年 4 月	独立行政法人統計センター理事
平成29年 4 月	総務省大臣官房審議官（行政評価局担当）
平成29年 7 月	総務省中国四国管区行政評価局長
平成30年 7 月	総務省近畿管区行政評価局長
令和元年 7 月	総務省関東管区行政評価局長

地方管区
行政評価局

総務省中部管区行政評価局長

Director-General of the Chubu Regional Administrative Evaluation
Bureau

土 屋 光 弘 (つちや　みつひろ)

昭和38年10月24日生．長野県出身．
長野県立長野高校，東京大学法学部，
コーネル大学経営大学院（ジョンソンスクール）

昭和62年4月	郵政省入省
平成14年8月	総務省近畿総合通信局総務部長
平成15年8月	文部科学省初等中等教育局幼児教育課幼稚園運営支援室長
平成16年4月	文部科学省生涯学習政策局参事官付企画官　併任　生涯学習政策局参事官付情報政策室長
平成17年8月	総務省郵政行政局保険企画課保険計理監理官
平成18年8月	財団法人国際通信経済研究所ロンドン事務所長（研究休職）
平成20年8月	金融庁総務企画局企画課企画官　併任　総務企画局郵便保険監督参事官
平成22年7月	内閣官房内閣参事官（内閣官房副長官補付）命　内閣官房郵政改革推進室参事官
平成24年5月	内閣官房内閣参事官（内閣官房副長官補付）命　内閣官房郵政民営化推進室参事官　併任　郵政民営化委員会事務局参事官
平成24年7月	郵便局（株）コンプライアンス統括部企画役
平成24年10月	日本郵便（株）郵便局総本部コンプライアンス統括部企画役
平成25年4月	日本郵便（株）コンプライアンス統括部長
平成26年4月	日本郵便（株）郵便・物流商品サービス企画部切手・葉書室部付部長　兼務　切手・葉書室長
平成27年4月	日本郵便（株）物販ビジネス部長
平成29年4月	日本郵便（株）不動産部長
平成30年8月	独立行政法人郵便貯金簡易生命保険管理機構理事
平成31年4月	独立行政法人郵便貯金簡易生命保険管理・郵便局ネットワーク支援機構理事
令和2年8月	総務省中部管区行政評価局長

総務省近畿管区行政評価局長
Director-General of the Kinki Regional Administrative Evaluation
Bureau

山 内 達 矢 （やまうち　たつや）

昭和40年1月生．愛媛県出身．
愛媛県立八幡浜高校，東京大学法学部

昭和62年4月	総務庁入庁
平成14年1月	内閣府沖縄総合事務局総務部人事課長
平成15年1月	総務省行政管理局情報公開推進室長
平成17年8月	総務省行政管理局行政情報システム企画課個人情報保護室長
平成18年7月	総務省統計審査官（政策統括官（統計基準担当）付）
平成19年10月	（併）内閣府大臣官房統計委員会担当室参事官
平成20年7月	総務省行政評価局評価監視官（財務・経済産業等担当）（併：内閣官房内閣参事官（内閣官房副長官補付）命 内閣官房行政支出総点検会議担当室参事官）
平成21年7月	総務省行政管理局管理官（外務・防衛・農水）
平成23年1月	総務省行政評価局評価監視官（国土交通担当）
平成23年4月	総務省行政評価局政策評価官
平成24年9月	総務省大臣官房政策評価広報課長
平成25年6月	内閣府公益認定等委員会事務局総務課長
平成27年7月	総務省大臣官房審議官（行政管理局、行政評価局担当）併任 内閣府情報公開・個人情報保護審査会事務局長
平成28年4月	総務省大臣官房審議官（行政評価局担当）併任 行政不服審査会事務局長 併任 情報公開・個人情報保護審査会事務局長
平成30年7月	内閣府公益認定等委員会事務局長 併任 内閣府大臣官房公益法人行政担当室長
令和元年7月	総務省大臣官房審議官（行政評価局担当）併任 財務省大臣官房審議官（大臣官房担当）
令和2年8月	総務省近畿管区行政評価局長

地方管区
行政評価局

総務省中国四国管区行政評価局長

Director-General of the Chugoku-Shikoku Regional Administrative
Evaluation Bureau

平 野 真 哉 （ひらの　しんや）

昭和39年1月生．広島県出身．
国立広島大学附属高等学校，東京大学法学部

昭和63年4月	総務庁入庁
平成15年1月	総務省大臣官房会計課企画官
平成16年1月	総務省行政管理局行政情報システム企画課個人情報保護室長
平成17年5月	内閣官房行政改革推進事務局公益法人制度改革推進室企画官
平成18年8月	独立行政法人統計センター総務部総務課長
平成20年7月	総務省行政管理局管理官（情報担当）
平成21年7月	総務省行政評価局評価監視官
平成24年9月	厚生労働省社会・援護局援護課長
平成26年7月	内閣府情報公開・個人情報保護審査会事務局総務課長
平成28年4月	総務省情報公開・個人情報保護審査会事務局総務課長
平成29年7月	総務省大臣官房政策評価広報課長
平成30年7月	総務省大臣官房審議官（行政評価局担当）
令和元年7月	総務省東北管区行政評価局長
令和2年7月	総務省中国四国管区行政評価局長

総務省四国行政評価支局長
Director-General of the Shikoku Branch Office of Regional
Administrative Evaluation Bureau

中 村 隆 一 （なかむら　りゅういち）
昭和38年 1 月11日生．山口県出身．
山口県立豊浦高等学校，龍谷大学

昭和61年 4 月	総務庁入庁
平成20年 7 月	総務省行政管理局副管理官（農林水産省担当）
平成24年 4 月	総務省行政評価局総括評価監視調査官
平成25年 6 月	総務省行政評価局調査官
平成29年 4 月	総務省行政評価局総務課地方業務室長
平成30年 4 月	総務省九州管区行政評価局評価監視部長
平成31年 4 月	総務省行政評価局企画課企画官 併任 行政評価局評価監視官付
令和元年 7 月	総務省行政評価局評価監視官（厚生労働等担当）
令和 2 年 4 月	総務省四国行政評価支局長

地方管区
行政評価局

総務省九州管区行政評価局長
Director-General of the Kyushu Regional
Administrative Evaluation Bureau

宮 田 昌 一（みやた　しょういち）

昭和38年10月 3 日生．岡山県出身．
東京大学法学部

昭和62年 4 月	自治省入省
平成24年 8 月	独立行政法人水資源機構用地部長
平成25年 4 月	独立行政法人水資源機構用地管財部長
平成25年 7 月	地方公務員災害補償基金事務局長
平成26年 9 月	地方職員共済組合監事
平成28年 6 月	総務省政治資金適正化委員会事務局長
平成29年 7 月	地方公共団体情報システム機構住民基本台帳ネットワークシステム全国センター長
平成30年 4 月	地方公共団体情報システム機構総合行政ネットワーク全国センター長
平成31年 4 月	消防団員等公務災害補償等共済基金事務局長
令和元年 7 月	消防団員等公務災害補償等共済基金常務理事
令和 2 年 7 月	総務省九州管区行政評価局長

総務省沖縄行政評価事務所長
Director of the Okinawa Administrative Evaluation Office

城　間　盛　孝（しろま　もりたか）

沖縄県出身.
琉球大学法文学部

昭和58年4月　行政管理庁入庁
平成25年4月　総務省沖縄行政評価事務所総務課長
平成27年4月　総務省沖縄行政評価事務所次長 併任 沖縄行政評価事務
　　　　　　　所総務課長
平成28年4月　総務省鹿児島行政評価事務所長
平成30年4月　総務省沖縄行政評価事務所長

地方管区
行政評価局

5Gに対する期待及び不安

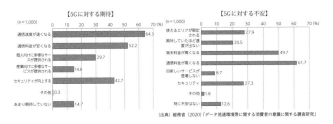

（出典）総務省（2020）「データ流通環境等に関する消費者の意識に関する調査研究」

127

総務省北海道総合通信局長
Director-General of the Hokkaido Bureau of Telecommunications

松 井 俊 弘（まつい　としひろ）

昭和40年10月14日生．北海道出身．
北海道大学,
北海道大学大学院

平成24年8月	総務省情報通信国際戦略局技術政策課研究推進室長
平成25年6月	総務省情報通信国際戦略局通信規格課長
平成27年8月	内閣府本府宇宙戦略室参事官
平成29年7月	国立大学法人大阪大学産学共創本部教授、副本部長
令和元年7月	総務省国際戦略局技術政策課長　併任　内閣府技官（参事官（課題実施担当）（政策統括官（科学技術・イノベーション担当）付））
令和2年7月	総務省北海道総合通信局長

総務省東北総合通信局長
Director-General of the Tohoku Bureau of Telecommunications

田　尻　信　行（たじり　のぶゆき）

神奈川県出身.
東京大学経済学部

昭和62年 4 月	郵政省入省
平成 9 年 7 月	郵政省放送行政局衛星放送課課長補佐
平成11年 7 月	郵政省大臣官房総務課課長補佐
平成13年 1 月	総務省大臣官房総務課課長補佐
平成14年 8 月	総務省総合通信基盤局国際部国際政策課国際広報官
平成16年 4 月	早稲田大学大学院国際情報通信研究科客員助教授（専任扱い）
平成19年 4 月	総務省総合通信基盤局国際部国際協力課企画官
平成19年10月	内閣官房郵政民営化推進室参事官
平成21年 7 月	総務省情報流通行政局郵政行政部貯金保険課長
平成23年 7 月	総務省人事・恩給局参事官（任用・交流担当）
平成24年 7 月	人事院（官民交流（株式会社日立製作所））
平成26年 7 月	独立行政法人情報通信研究機構総務部長
平成29年 7 月	総務省情報通信政策研究所長
平成30年 3 月	国立研究開発法人情報通信研究機構理事
令和 2 年 4 月	総務省東北総合通信局長

地方総合通信局

総務省関東総合通信局長
Director-General of the Kanto Bureau of Telecommunications

椿　　　泰　文（つばき　やすふみ）

昭和39年 3 月22日生．大阪府出身．
大阪府立茨木高校，京都大学法学部

昭和62年 4 月	郵政省入省
平成 5 年 7 月	富良野郵便局長
平成 9 年 5 月	在スイス大使館一等書記官
平成13年 1 月	総務省総合通信基盤局国際部国際政策課課長補佐
平成14年 8 月	栃木県警察本部警務部長
平成16年 8 月	総務省電気通信事業紛争処理委員会事務局紛争処理調査官
平成18年 8 月	総務省総合通信基盤局国際部国際経済課多国間経済室長
平成19年 7 月	文部科学省生涯学習政策局参事官
平成21年 7 月	総務省行政評価局評価監視官（農林水産・環境担当）
平成22年 7 月	独立行政法人情報通信研究機構総務部長
平成24年 8 月	内閣官房郵政民営化推進室参事官　併任　郵政民営化委員会事務局参事官
平成25年 6 月	総務省情報流通行政局郵政行政部企画課長
平成26年 7 月	総務省情報流通行政局総務課長
平成28年 6 月	総務省大臣官房会計課長
平成29年 7 月	総務省情報通信国際戦略局参事官（国際戦略担当）
平成29年 9 月	総務省国際戦略局参事官（国際戦略担当）
平成30年 7 月	厚生労働省大臣官房サイバーセキュリティ・情報化審議官
令和 2 年 7 月	総務省関東総合通信局長

総務省信越総合通信局長
Director-General of the Shinetsu Bureau of Telecommunications

杉　野　　　勲 (すぎの　いさお)

昭和40年 7 月生．神奈川県出身．
早稲田大学大学院理工学研究科

平成 2 年 4 月　郵政省入省
平成13年　　　　在英国日本国大使館一等書記官
平成21年 7 月　国立大学法人九州工業大学ネットワークデザイン研究セ
　　　　　　　　ンター教授
平成23年 8 月　総務省情報通信国際戦略局技術政策課研究推進室長
平成24年 8 月　総務省総合通信基盤局電気通信事業部電気通信技術シス
　　　　　　　　テム課長
平成26年 8 月　総務省総合通信基盤局電波部電波環境課長
平成28年 7 月　総務省総合通信基盤局電波部移動通信課長
平成30年 7 月　国立研究開発法人情報通信研究機構オープンイノベーシ
　　　　　　　　ョン推進本部主管研究員 兼務 事務局長
令和元年 7 月　総務省沖縄総合通信事務所長
令和 2 年 7 月　総務省信越総合通信局長

総務省北陸総合通信局長
Director-General of the Hokuriku Bureau of
Telecommunications

三　田　一　博（みた　かずひろ）
昭和45年 3 月 9 日生．福井県出身．B型
東海高等学校，東京大学法学部

平成 4 年 4 月	郵政省入省
平成 4 年 7 月	郵政省官房人事部管理課総括係
平成 6 年 7 月	郵政省官房総務課総括係
平成 7 年 2 月	郵政省官房総務課主査
平成 8 年 4 月	国土庁大都市圏整備局首都機能移転企画課
平成10年 6 月	郵政省通信政策局通信事業振興課課長補佐
平成11年 7 月	横浜市企画局高度情報化推進担当課長
平成13年 7 月	総務省自治税務局都道府県税課課長補佐
平成15年 8 月	総務省総合通信基盤局事業政策課課長補佐
平成17年 8 月	総務省情報通信政策局情報通信政策課新事業支援推進官
平成19年 7 月	総務省情報流通行政局地上放送課企画官
平成22年 7 月	総務省情報通信国際戦略局情報通信政策課調査官
平成24年 7 月	三井不動産株式会社出向（官民交流）
平成26年 7 月	内閣官房内閣参事官（内閣広報室）
平成28年 6 月	総務省総合通信基盤局電気通信事業部データ通信課長
平成29年 7 月	総務省情報流通行政局地上放送課長
令和元年 7 月	総務省北陸総合通信局長

総務省東海総合通信局長
Director-General of the Tokai Bureau of Telecommunications

長　塩　義　樹（ながしお　よしき）

昭和38年生．大阪府出身．
大阪府立茨木高校，大阪大学法学部

昭和63年	郵政省入省
平成20年7月	総務省総合通信基盤局電気通信事業部データ通信課長 併任　情報通信国際戦略局参事官（インターネット国際戦略担当）
平成22年7月	総務省情報通信国際戦略局参事官（通信・放送総合戦略担当）
平成23年7月	総務省情報流通行政局郵政行政部郵便課長
平成24年8月	総務省情報流通行政局地上放送課長
平成26年7月	総務省情報流通行政局放送政策課長（併）情報通信国際戦略局参事官（通信・放送総合戦略担当）
平成28年6月	内閣官房内閣参事官（内閣官房副長官補付）命　内閣官房郵政民営化推進室副室長　併任　郵政民営化委員会事務局次長
平成30年7月	総務省中国総合通信局長
令和元年7月	総務省情報流通行政局郵政行政部長
令和2年7月	総務省東海総合通信局長

総地
合方
通
信
局

総務省近畿総合通信局長
Director-General of the Kinki Bureau of Telecommunications

髙 野　　潔（こうの　きよし）

昭和38年2月11日生．大阪府出身．
京都大学大学院工学研究科電気工学第Ⅱ専攻修了

昭和62年4月	郵政省入省
平成23年8月	宇宙航空研究開発機構衛星利用ミッション本部衛星利用推進センター主幹開発員
平成25年4月	宇宙航空研究開発機構第一衛星利用ミッション本部衛星利用推進センター主幹開発員
平成25年8月	京都大学情報環境機構教授
平成27年8月	国立研究開発法人宇宙航空研究開発機構経営推進部参事
平成29年8月	一般社団法人電波産業会研究開発本部次長（研究休職：総合通信基盤局付）
平成31年4月	総務省北海道総合通信局長
令和2年7月	総務省近畿総合通信局長

総務省中国総合通信局長
Director-General of the Chugoku Bureau of
Telecommunications

本　間　祐　次 (ほんま　ゆうじ)

千葉県出身.
千葉県立千葉高等学校，東京工業大学工学部,
東京工業大学大学院理工学研究科

平成元年 4 月	郵政省電気通信局電波部計画課
平成元年 7 月	郵政省放送行政局技術課
平成 3 年 6 月	日本電信電話株式会社ネットワーク総合技術センタ
平成 5 年 7 月	郵政省電気通信局電気通信事業部電気通信技術システム課審査係長
平成 7 年 7 月	国際電信電話株式会社ジュネーブ事務所調査役
平成10年 6 月	郵政省電気通信局電気通信事業部業務課課長補佐
平成12年 7 月	郵政省通信政策局宇宙通信政策課課長補佐
平成14年 8 月	財団法人テレコム先端技術研究支援センター研究企画部長
平成16年 1 月	総務省近畿総合通信局放送部長
平成17年 8 月	総務省情報通信政策局地域放送課技術企画官
平成19年 7 月	東京工業大学統合研究院ソリューション研究機構特任教授
平成22年 7 月	総務省総合通信基盤局電波部電波政策課国際周波数政策室長
平成24年 7 月	京浜急行電鉄株式会社グループ戦略室上席調査役
平成26年 7 月	内閣官房情報セキュリティセンター参事官
平成27年 8 月	一般社団法人電波産業会研究開発本部次長
平成29年 7 月	放送大学学園放送部長
令和元年 7 月	総務省中国総合通信局長

地方
総合通信局

主要著書
「ＩＰＴＶ　通信・放送融合サービスの大本命」ニューメディア 2007年

総務省四国総合通信局長
Director-General of the Shikoku Bureau of Telecommunications

野　水　　学（のみず　がく）

昭和42年 2 月生．東京都出身．

平成 2 年 4 月	郵政省入省
平成20年 7 月	総務省総合通信基盤局電波政策課企画官
平成23年 7 月	人事院人材局交流派遣専門員
平成25年 7 月	国土交通省総合政策局行政情報化推進課長
平成27年 8 月	独立行政法人郵便貯金・簡易生命保険管理機構貯金部長
平成29年 7 月	総務省情報流通行政局郵政行政部郵便課長
平成30年 7 月	総務省情報流通行政局郵政行政部企画課長
令和元年 7 月	国立研究開発法人情報通信研究機構総務部長
令和 2 年 7 月	総務省四国総合通信局長

総務省九州総合通信局長
Director-General of the Kyushu Bureau of
Telecommunications

坂 中 靖 志（さかなか　やすし）

昭和39年 9 月21日生．奈良県出身．
私立洛星高校，
早稲田大学大学院理工学研究科

平成 2 年 4 月	郵政省入省
平成16年 7 月	総務省情報通信政策局技術政策課課長補佐
平成17年 8 月	文部科学省生涯学習政策局参事官付企画官
平成18年 7 月	文部科学省初等中等教育局参事官付情報教育調整官
平成19年 7 月	総務省総合通信基盤局電波部電波環境課企画官
平成20年 7 月	総務省総合通信基盤局電波部移動通信課移動通信企画官
平成22年 7 月	総務省情報流通行政局衛星・地域放送課技術企画官
平成24年 8 月	独立行政法人情報通信研究機構国際推進部門長
平成26年 7 月	国立大学法人東北大学電気通信研究所特任教授・電気通信研究機構副機構長
平成28年 7 月	総務省総合通信基盤局電波部電波環境課長
平成29年 7 月	総務省情報流通行政局放送技術課長
平成30年 7 月	総務省国際戦略局技術政策課長
令和元年 7 月	総務省信越総合通信局長
令和 2 年 7 月	総務省九州総合通信局長

地方
総合通信局

総務省沖縄総合通信事務所長
Director-General of the Okinawa Office of Telecommunications

白 石 昌 義 （しらいし　まさよし）

昭和36年4月生．福島県出身．
東北学院大学工学部

昭和59年4月	郵政省入省
平成25年7月	総務省東北総合通信局情報通信部長　併任　東日本大震災復興対策支援室長
平成28年7月	総務省総合通信基盤局電波部電波環境課監視管理室長
平成30年7月	総務省総合通信基盤局電波部基幹・衛星移動通信課重要無線室長
令和元年7月	総務省総合通信基盤局電波部電波環境課長
令和2年7月	総務省沖縄総合通信事務所長

総務省消防庁長官
Commissioner of the Fire and Disaster
Management Agency

横　田　真　二（よこた　しんじ）

昭和35年10月11日生．香川県出身．A型
香川県立丸亀高校，東京大学法学部

昭和60年 4 月	自治省入省
昭和60年 7 月	福井県総務部地方課
昭和62年 5 月	厚生省健康政策局医事課
平成元年 4 月	自治省税務局府県税課主査
平成 2 年 4 月	広島市総務局行政管理課長、財政局財政課長
平成 5 年11月	消防庁救急救助課長補佐
平成 7 年 4 月	山口県企画部企画課長、総務部財政課長
平成10年 4 月	自治省財政局地方債課課長補佐
平成11年10月	自治省大臣官房総務課課長補佐（大臣秘書官事務取扱）
平成12年 7 月	自治省財政局公営企業第一課理事官
平成13年 4 月	広島県総務企画部財務総室長、総務企画部部長
平成17年 4 月	地域創造事務局長心得 兼 芸術環境部長
平成18年 5 月	自治体国際化協会審議役、ソウル事務所長
平成20年 7 月	国土交通省航空局空港部環境・地域振興課長
平成22年 4 月	総務省消防庁国民保護・防災部防災課長
平成23年 7 月	総務省消防庁消防・救急課長
平成25年 6 月	総務省消防庁総務課長
平成26年 7 月	総務省大臣官房総務課長
平成27年 7 月	総務省消防庁国民保護・防災部長
平成28年 6 月	内閣官房内閣審議官（内閣官房副長官補付）
平成30年 7 月	総務省消防庁次長
令和元年 7 月	総務省大臣官房長
令和 2 年 7 月	総務省消防庁長官

消
防
庁

総務省消防庁次長
Vice-Commissioner of the Fire and Disaster
Management Agency

山 口 英 樹（やまぐち　ひでき）

昭和38年 8 月 2 日生．鹿児島県出身．
東京大学法学部

昭和61年 4 月	自治省採用
平成 2 年11月	長崎県財政課参事、地域政策課参事、雲仙岳災害復興室長、離島半島・地域政策課長、企画課長、財政課長
平成 8 年 6 月	自治省大臣官房総務課課長補佐、消防庁救急救助課課長補佐
平成 9 年 9 月	自治省大臣官房総務課課長補佐（兼 行政局行政課課長補佐）
平成11年10月	自治省行政局振興課課長補佐
平成12年 7 月	宮崎市助役
平成14年 9 月	総務省消防庁防災課広域応援対策官
平成16年 4 月	総務省自治行政局市町村課住民台帳企画官
平成18年 4 月	神奈川県広域行政担当部長、県民部長
平成21年 4 月	内閣官房拉致問題対策本部事務局総合調整室長 併任 内閣府大臣官房参事官（拉致被害者等支援担当室担当）併任 内閣府大臣官房拉致被害者等支援担当室長
平成21年10月	内閣官房拉致問題対策本部事務局総務・拉致被害者等支援室長
平成23年 7 月	総務省消防庁国民保護・防災部防災課長
平成25年 4 月	新潟市副市長
平成27年 4 月	総務省消防庁総務課長
平成28年 8 月	地方公共団体情報システム機構理事 兼 事務局長事務取扱 命 総括執行役
平成30年 7 月	内閣官房内閣審議官（内閣官房副長官補付）
令和 2 年 7 月	総務省消防庁次長

総務省消防庁審議官
Assistant Commissioner of the Fire and
Disaster Management Agency

五 味 裕 一（ごみ　ゆういち）

昭和43年 2 月27日生．東京都出身．
桐朋高校，東京大学法学部

平成 2 年 4 月	自治省財政局指導課 兼 大臣官房総務課
平成12年 4 月	自治省大臣官房総務課課長補佐（兼 大臣官房企画室課長補佐）
平成12年 7 月	自治省大臣官房総務課課長補佐（内閣官房政策審議室（内閣官房副長官秘書官）併任）
平成13年 1 月	総務省大臣官房秘書課課長補佐（内閣官房副長官補付 併任）
平成14年 7 月	総務省自治財政局地方債課課長補佐
平成16年 4 月	大阪府総務部財政課長
平成18年 8 月	総務省自治財政局調整課財政制度調整官（自治財政局公営企業課 併任）（内閣官房副長官補付 併任）（命 内閣官房行政改革推進室企画官）（行政改革推進本部事務局局員 併任）
平成19年 7 月	総務省大臣官房企画課企画官（大臣官房企画課頑張る地方応援室 併任）（年金業務・社会保険庁監視等委員会事務室調査員 併任）
平成20年 4 月	さいたま市審議監
平成21年10月	さいたま市副市長
平成24年 4 月	総務省消防庁国民保護・防災部防災課国民保護室長（内閣官房内閣参事官（内閣官房副長官補付）併任）
平成26年 4 月	兵庫県企画県民部長
平成28年 6 月	総務省大臣官房付（内閣官房副長官補付 併任）（内閣府参事官（統括担当）（政策統括官（経済財政運営担当）付）併任）（内閣府本府地方分権改革推進室参事官 併任）
平成29年 7 月	地方公共団体金融機構経営企画部長
令和元年 7 月	総務省消防庁総務課長
令和 2 年 7 月	総務省消防庁審議官

消
防
庁

総務省消防庁総務課長
Director of the Fire and Ambulance Service Division

齋 藤 秀 生（さいとう　ひでお）

昭和43年6月23日生．福岡県出身．
東京大学法学部

平成3年4月　自治省入省　平成9年7月　国土庁地方振興局地方都市
整備課長補佐　平成11年4月　広島県総務部税務課長　平成13年4月
広島県総務企画部財務総室財政室長　平成15年4月　総務省大臣官房総
務課長補佐　平成16年9月　総務省大臣官房企画課長補佐　平成17年4
月　総務省消防庁消防課長補佐　平成18年4月　総務省消防庁消防・救
急課理事官　平成18年8月　徳島県理事（経済成長戦略）　平成19年5月
徳島県商工労働部長　平成21年4月　徳島県企画総務部長　平成23年5
月　徳島県副知事　平成25年7月　総務省消防庁消防・救急課救急企画
室長　平成26年7月　総務省自治行政局地域自立応援課過疎対策室長
平成27年7月　総務省行政管理局管理官（農水・防衛・公取委等）（併）
内閣官房内閣参事官（内閣人事局）　平成29年7月　内閣官房副長官補付
併任　内閣府参事官（総括担当）（政策統括官（経済財政運営担当）付）
併任　内閣府本府地方分権改革推進室参事官
令和元年7月　地方公共団体金融機構経営企画部長
令和2年7月　総務省消防庁総務課長

総務省消防庁消防・救急課長
Director of the Fire and Ambulance Service Division

石 山 英 顕（いしやま　ひであき）

昭和43年3月28日生．宮城県出身．
東京大学法学部

平成4年4月　　自治省入省
平成18年7月　　総務省大臣官房秘書課長補佐
平成18年8月　　消防庁国民保護・防災部参事官補佐
平成19年4月　　宮城県企画部次長
平成20年4月　　宮城県総務部長
平成22年10月　消防庁国民保護・防災部防災課広域応援対策官
平成24年4月　　消防庁国民保護・防災部防災課広域応援室長
平成25年4月　　総務省情報流通行政局衛星・地域放送課地域放送推進室長
平成26年7月　　参議院法制局第三部第二課長
平成28年6月　　地方公共団体金融機構資金部長
平成30年7月　　国土交通省航空局航空ネットワーク部空港業務課長
令和2年7月　　総務省消防庁消防・救急課長

総務省消防庁予防課長

Director of the Fire Prevention Division

白　石　暢　彦（しらいし　のぶひこ）

昭和40年12月27日生．福岡県出身．
九州大学大学院工学研究科修了

平成２年４月　自治省消防庁危険物規制課　平成12年４月　自治省消防庁危険物規制課課長補佐　平成13年１月　総務省消防庁危険物保安室課長補佐　平成14年４月　大阪市消防局予防部審査担当課長　平成16年４月　内閣官房副長官補付参事官補佐　平成17年４月　独立行政法人消防研究所調整官 兼 総務課長補佐　平成18年４月　総務省消防庁消防大学校教授 併任 予防課消防技術政策室課長補佐　平成19年４月　総務省消防庁消防大学校教授 併任 予防課危険物保安室課長補佐　平成19年８月　経済産業省大臣官房総務課企画官 併任 原子力安全・保安院原子力防災課火災対策室長　平成20年４月　経済産業省原子力安全・保安院原子力防災課火災対策室長　平成22年７月　総務省消防庁国民保護・防災部防災課防災情報室長　平成25年４月　総務省消防庁予防課特殊災害室長　平成27年４月　総務省消防庁予防課危険物保安室長　平成28年４月　静岡県危機管理監代理 兼 危機管理部理事（消防安全対策担当）
平成29年４月　静岡県危機管理部部長代理 兼 危機管理監代理
平成31年４月　静岡県危機管理監代理 兼 危機管理部部長代理
令和元年７月　総務省消防庁予防課長

情報セキュリティ10大脅威　2020「個人」及び「組織」向けの脅威の順位

「個人」向け脅威	順位	「組織」向け脅威
スマホ決済の不正利用	1	標的型攻撃による機密情報の窃取
フィッシングによる個人情報の詐取	2	内部不正による情報漏えい
クレジットカード情報の不正利用	3	ビジネスメール詐欺による金銭被害
インターネットバンキングの不正利用	4	サプライチェーンの弱点を悪用した攻撃
メールやSMS等を使った脅迫・詐欺の手口による金銭要求	5	ランサムウェアによる被害
不正アプリによるスマートフォン利用者への被害	6	予期せぬIT基盤の障害に伴う業務停止
ネット上の誹謗・中傷・デマ	7	不注意による情報漏えい（規則は遵守）
インターネット上のサービスへの不正ログイン	8	インターネット上のサービスからの個人情報の窃取
偽警告によるインターネット詐欺	9	IoT機器の不正利用
インターネット上のサービスからの個人情報の窃取	10	サービス妨害攻撃によるサービスの停止

（出典）IPA（2020）「情報セキュリティ10大脅威　2020」を基に作成

総務省消防庁国民保護・防災部長
Director-General of the Civil Protection and
Disaster Management Department

荻　澤　　滋（おぎさわ　しげる）

昭和41年 4 月26日生．神奈川県出身．
東京大学法学部

平成 2 年 4 月	自治省行政局選挙部政治資金課 兼 大臣官房総務課
平成 2 年 7 月	北海道市町村課
平成 3 年 4 月	北海道財政課
平成 4 年 4 月	消防庁救急救助課
平成 5 年 4 月	自治省財政局交付税課
平成 6 年 7 月	自治省財政局交付税課主査
平成 7 年 7 月	八戸市財政部長
平成10年 4 月	山口県地域振興課企画監
平成11年 4 月	山口県地域振興課長
平成12年 4 月	山口県財政課長
平成13年 4 月	国土交通省都市・地域整備局企画課長補佐
平成15年 4 月	富山県経営企画部次長
平成17年 4 月	富山県知事政策室次長
平成17年 7 月	富山県知事政策室長（兼 危機管理監）
平成19年 4 月	富山県経営管理部長
平成21年 7 月	内閣府情報公開・個人情報保護審査会事務局審査官
平成23年 1 月	総務省自治税務局都道府県税課税務管理官
平成24年 8 月	自治大学校部長教授
平成26年 4 月	内閣府参事官（災害緊急事態対処担当）　　（内閣官房内閣参事官（内閣官房副長官補付）併任）～ H26.9（命 内閣官房東日本大震災対応総括室参事官）（命 平成23年（2011年）東北地方太平洋沖地震緊急災害対策本部被災者生活支援チーム事務局参事官）
平成28年 6 月	総務省消防庁国民保護・防災部防災課長
平成29年 7 月	群馬県副知事
令和元年 8 月	全国市町村研修財団参与 命 市町村職員中央研修所副学長
令和 2 年 7 月	総務省消防庁国民保護・防災部長

総務省消防庁国民保護・防災部防災課長
Director of the Disaster Management Division

荒 竹 宏 之 （あらたけ　ひろゆき）

昭和45年9月17日生．東京都出身．
東京大学法学部

平成6年4月	自治省財政局交付税課（兼 大臣官房総務課）
平成16年4月	財務省主計局法規課課長補佐
平成18年4月	宮城県総務部市町村課長
平成19年4月	宮城県総務部財政課長
平成21年4月	総務省消防庁総務課理事官
平成22年4月	福島県生活環境部次長（県民安全担当）
平成23年6月	福島県生活環境部長
平成25年4月	地方公共団体金融機構経営企画部企画課長
平成26年9月	和歌山市副市長
平成30年4月	総務省大臣官房付
平成30年7月	内閣府参事官（企画担当）（政策統括官（沖縄政策担当）付）
令和2年7月	総務省消防庁国民保護・防災部防災課長

総務省消防庁国民保護・防災部参事官
Counsellor of the Civil Protection and Disaster Management
Department

渡 邉 勝 大 （わたなべ　かつひろ）

昭和46年10月19日生．岐阜県出身．
都立白鴎高等学校，早稲田大学政治経済学部，
早稲田大学大学院政治学研究科修了

平成9年4月　建設省採用　平成15年1月　国土交通省総合政策局総務課長補佐　平成15年5月　国土交通省大臣官房人事課付　平成15年7月　国土交通省近畿地方整備局用地部用地第一課長　平成16年7月　国土交通省近畿地方整備局総務部人事課長　平成17年4月　国土交通省土地・水資源局総務課長補佐　平成17年8月　国土交通省土地・水資源局土地政策課土地市場企画室課長補佐　平成19年4月　山形県土木部交通政策課長　平成21年4月　山形県総務部総合政策室政策企画課長　平成22年4月　国土交通省大臣官房人事課付　平成22年8月　国土交通省大臣官房人事課長補佐　平成24年7月　国土交通省住宅局住宅政策課企画専門官　平成25年9月　国土交通省大臣官房人事課専門官（命）国土交通副大臣秘書官　平成26年9月　国土交通省大臣官房地方課公正入札監視官　平成27年7月　国土交通省大臣官房地方課公共工事契約指導室長　平成28年6月　国土交通省水管理・国土保全局総務課企画官　平成29年7月　首都高速道路株式会社営業企画部（兼）事業開発部担当部長
令和元年7月　総務省消防庁国民保護・防災部参事官

総務省消防庁消防大学校長
President of the Fire and Disaster
Management College

寺　田　文　彦（てらだ　ふみひこ）
昭和40年7月29日生．山口県出身．
山口県立柳井高等学校，東京大学法学部

昭和63年4月	自治省採用
平成5年7月	徳島市財政部長 兼 理事
平成7年4月	総合研究開発機構（NIRA）研究員
平成8年11月	自治省行政局選挙部選挙課課長補佐
平成10年4月	栃木県総務部税務課長
平成12年4月	栃木県総務部財政課長
平成14年4月	日本下水道事業団業務部業務課長
平成15年4月	広島市企画総務局企画担当部長
平成16年4月	広島市財政局次長
平成17年4月	広島市財政局長
平成18年4月	総務省自治行政局公務員部公務員課高齢対策室長
平成19年2月	地方公務員共済組合連合会資金運用部長
平成20年4月	内閣府情報公開・個人情報保護審査会事務局審査官
平成21年7月	北海道大学公共政策大学院教授
平成23年8月	総務省人事・恩給局参事官（給与担当）
平成24年7月	総務省人事・恩給局参事官（退職手当担当）
平成25年6月	国土交通省水管理・国土保全局水資源部水資源政策課長
平成27年7月	地方公務員共済組合連合会
平成29年7月	新関西国際空港株式会社執行役員
令和2年7月	総務省消防庁消防大学校長

資格　一級建築士

総務省消防庁消防大学校消防研究センター所長
Director of the National Research Institute of Fire
and Disaster

鈴　木　康　幸（すずき　やすゆき）

昭和37年1月31日生．千葉県出身．
東北大学工学部

昭和63年4月　自治省消防庁予防課　平成9年4月　自治省消防庁震災
対策指導室震災対策専門官 兼 課長補佐　平成11年4月　自治省消防庁防
災情報室課長補佐 兼 防災課課長補佐　平成13年1月　総務省消防庁防
災情報室課長補佐 併任 防災課課長補佐　平成13年4月　京都市消防局
予防部指導課担当課長　平成14年4月　京都市消防局予防部担当部長
平成14年10月　　総務省消防庁予防課設備専門官 併任 予防課課長補佐
平成18年1月　総務省消防庁予防課設備専門官 併任 予防課理事官
平成19年4月　危険物保安技術協会業務企画部長
平成19年7月　総務省消防庁予防課特殊災害室長
平成22年4月　総務省消防庁予防課危険物保安室長
平成27年4月　総務省消防庁予防課長
令和元年7月　総務省消防庁審議官
令和2年7月　総務省消防庁消防大学校消防研究センター所長

資格　一級建築士

インターネット上における個人のプライバシーに関連するトラブル事例

事例	概要
池袋自動車暴走事故でのデマ	2019年4月の事故。容疑者の家族に関する誤情報が流された（企業の役員、首相の元秘書）。ジャーナリストや国会議員が拡散した。
常磐道あおり運転傷行事件でのデマ	2019年8月の事故。逮捕者とは別の人の名前が容疑者として拡散された。無関係の女性が犯人特定され、氏名、写真がネット上で公開された。デマを拡散した市議会議員は謝罪の後、議員辞職した。
リクナビDMPフォロー	リクルートキャリアが販売を行っていたサービス。学生の内定辞退率を本人の同意なしに利用・分析、外部に販売した。2019年12月4日には、情報を利用した企業（38社）に対して行政指導が行われた。
AIバイアス	マイクロソフトのAI「Tay」が差別発言を行い、リリース直後にサービス停止に至った。ユーザーが意図的に差別表現をAIに学習させたことが原因。
AI採用打ち切り	米amazonがAI採用システムの運用を取りやめた。女性差別する欠陥が生じていることが判明。機械学習に使用したデータに偏りがあったことが原因。（2018年10月11日　ロイター）
信用スコアリングによるデメリット	本人の信用度合いを各種情報を元にスコア付けする。中国のアリババの「芝麻信用」は、個人融資審査として活用が始まった。スコアが高ければ低利での融資が受けられ、逆に低いと制限を受けることになる。

(出典) 総務省 (2020)「データの流通環境等に関する消費者の意識に関する調査研究」

●資　　　料

〜本省・外局〜

総務省(統計局、政策統括官を除く)・消防庁
〒100−8926　東京都千代田区霞が関２−１−２
(中央合同庁舎第２号館)
代表番号　(03)5253−5111

総務省統計局、政策統括官(統計基準担当)
〒162−8668　東京都新宿区若松町19−1
代表　(03)5273−2020

総務省政策統括官(恩給担当)
〒162−8022　東京都新宿区若松町19−1
代表　03(3202)1111

消防大学校
〒182−8508　東京都調布市深大寺東町４−35−３
代表　0422(46)1711
(消防研究センター　代表　0422(44)8331)

〔大臣官房〕

秘書課	(5253)	5069
総務課	(5253)	5085
管理室	(5253)	5181
会計課	(5253)	5124
厚生企画管理室	(5253)	5140
庁舎管理室	(5253)	5147
企画課	(5253)	5155
政策評価広報課	(5253)	5164
広報室	(5253)	5172

〔行政管理局〕

企画調整課	(5253)	5307
行政情報システム企画課	(5253)	5340

〔行政評価局〕

総務課	(5253)	5411
企画課	(5253)	5470
政策評価課	(5253)	5427
行政相談課	(5253)	5419

〔自治行政局〕

行政課	(5253)	5509
住民制度課	(5253)	5517
外国人住民基本台帳室	(5253)	5397
市町村課	(5253)	5516
行政経営支援室	(5253)	5519

資料

地 域 政 策 課	(5253)	5523
地 域 情 報 政 策 室	(5253)	5525
マイナポイント施策推進室	(5253)	5585
国 際 室	(5253)	5527
地 域 自 立 応 援 課	(5253)	5391
地 域 振 興 室	(5253)	5533
人材力活性化・連携交流室	(5253)	5394
過 疎 対 策 室	(5253)	5536
公 務 員 課	(5253)	5542
女性活躍・人材活用推進室	(5253)	5546
応 援 派 遣 室	(5253)	5230
給 与 能 率 推 進 室	(5253)	5549
福 利 課	(5253)	5558
安 全 厚 生 推 進 室	(5253)	5560
選 挙 課	(5253)	5566
管 理 課	(5253)	5573
政 治 資 金 課	(5253)	5578
収 支 公 開 室	(5253)	5580
支 出 情 報 開 示 室	(5253)	5398
政 党 助 成 室	(5253)	5582

〔自治財政局〕

財 政 課	(5253)	5612
調 整 課	(5253)	5618
交 付 税 課	(5253)	5623
地 方 債 課	(5253)	5628
公 営 企 業 課	(5253)	5634
公 営 企 業 経 営 室	(5253)	5638
準 公 営 企 業 室	(5253)	5642
財 務 調 査 課	(5253)	5647

〔自治税務局〕

企 画 課	(5253)	5658
都 道 府 県 税 課	(5253)	5663
市 町 村 税 課	(5253)	5669
固 定 資 産 税 課	(5253)	5674
資 産 評 価 室	(5253)	5679

〔国際戦略局〕

総 務 課	(5253)	5957
国 際 政 策 課	(5253)	5919
技 術 政 策 課	(5253)	5724
研 究 推 進 室	(5253)	5730
通 信 規 格 課	(5253)	5763
宇 宙 通 信 政 策 課	(5253)	5768
宇 宙 通 信 調 査 室	(5253)	5768
国 際 経 済 課	(5253)	5928
多 国 間 経 済 室	(5253)	5929
国 際 協 力 課	(5253)	5934
国 際 展 開 支 援 室	(5253)	5934

〔情報流通行政局〕

総 務 課	(5253)	5709
総 合 通 信 管 理 室	(5253)	5432
情 報 通 信 政 策 課	(5253)	5482
情 報 通 信 経 済 室	(5253)	5720
情 報 流 通 振 興 課	(5253)	5748
情 報 流 通 高 度 化 推 進 室	(5253)	5751
情 報 活 用 支 援 室	(5253)	5685
デ ジ タ ル 企 業 行 動 室	(5253)	5857
コ ン テ ン ツ 振 興 課 (情報通信作品振興課)	(5253)	5739
放送コンテンツ海外流通推進室	(5253)	5739
地 域 通 信 振 興 課	(5253)	5756
デ ジ タ ル 経 済 推 進 室	(5253)	5757
放 送 政 策 課	(5253)	5776
放 送 技 術 課	(5253)	5784
地 上 放 送 課	(5253)	5791

衛星・地域放送課 (5253) 5799
国際放送推進室 (5253) 5798
地域放送推進室 (5253) 5809
企　　画　　課 (5253) 5968
検 査 監 理 室 (5253) 5996
郵　　便　　課 (5253) 5975
国 際 企 画 室 (5253) 5972
貯 金 保 険 課 (5253) 5984
信 書 便 事 業 課 (5253) 5974

〔総合通信基盤局〕

総　　務　　課 (5253) 5825
事 業 政 策 課 (5253) 5835
料 金 サ ー ビ ス 課 (5253) 5842
デ ー タ 通 信 課 (5253) 5852
電 気 通 信 技 術
シ ス テ ム 課 (5253) 5862
番 号 企 画 室 (5253) 5859
安全・信頼性対策室 (5253) 5858
消費者行政第一課 (5253) 5488
消費者行政第二課 (5253) 5847
電 波 政 策 課 (5253) 5873
国際周波数政策室 (5253) 5878
電波利用料企画室 (5253) 5880
基幹・衛星移動通信課 (5253) 5816
基 幹 通 信 室 (5253) 5886
重 要 無 線 室 (5253) 5888
移 動 通 信 課 (5253) 5893
電 波 環 境 課 (5253) 5905
監 視 管 理 室 (5253) 5911
電気通信消費者相談
セ ン タ ー (5253) 5900

〔統計局〕

総　　務　　課 (5273) 1115
統計作成支援課 (5273) 1149
統計利用推進課 (5273) 1023
統計情報システム管理官 (5273) 1134
調 査 規 格 課 (5273) 1158
国 勢 統 計 課 (5273) 1151
経 済 統 計 課 (5273) 1165
消 費 統 計 課 (5273) 1171

〔政策統括官（統計基準担当）〕

統計企画管理官室 (5273) 1143
統計審査官室 (5273) 1146
国際統計管理官室 (5273) 1145

〔政策統括官（恩給担当）〕

恩給企画管理官室 (5273) 1306
恩給業務管理官室 (5273) 1348
恩 給 相 談 窓 口 (5273) 1400

〔事務局〕

行政不服審査会事務局 (5253) 5170
情報公開・個人情報
保護審査会事務局 (5501) 1724
官 民 競 争 入 札 等
監理委員会事務局 (5501) 1878
電 気 通 信 紛 争
処理委員会事務局 (5253) 5686

〔消防庁〕

総　　務　　課 (5253) 7521
消 防・救 急 課 (5253) 7522
救 急 企 画 室 (5253) 7529
予　　防　　課 (5253) 7523
危 険 物 保 安 室 (5253) 7524
特 殊 災 害 室 (5253) 7528

防　　　災　　課	(5253) 7525	防 災 情 報 室	(5253) 7526
参　　　事　　官	(5253) 7507	応 急 対 策 室	(5253) 7527
国 民 保 護 室	(5253) 7550	広 域 応 援 室	(5253) 7527
国 民 保 護 運 用 室	(5253) 7551		

～施設等機関～

（名　　称）		（住所・ＴＥＬ）
自 治 大 学 校	〒190－8581	東京都立川市緑町10番地の1
		042（540）4500
情報通信政策研究所	〒185－8795	東京都国分寺市泉町2－11－16
		042（320）5800
統 計 研 究 研 修 所	〒185－0024	東京都国分寺市泉町2－11－16
		042（320）5870
日本学術会議事務局	〒106－8555	東京都港区六本木7－22－34
		03（3403）3793

～所轄機関～

（名　　称）		（住所・ＴＥＬ）
〔地方管区行政評価局〕		
北海道管区行政評価局	〒060－0808	北海道札幌市北区北8条西2丁目
		（札幌第1合同庁舎）
		011（709）2311
東北管区行政評価局	〒980－0014	宮城県仙台市青葉区本町
		3－2－23（仙台第2合同庁舎）
		022（262）7831
関東管区行政評価局	〒330－9717	埼玉県さいたま市中央区新都心
		1－1
		（さいたま新都心合同庁舎1号館）
		048（600）2300

中部管区行政評価局　〒460－0001　愛知県名古屋市中区三の丸

2－5－1

（名古屋合同庁舎第2号館）

052（972）7411

近畿管区行政評価局　〒540－8533　大阪府大阪市中央区大手前

4－1－67

（大阪合同庁舎第2号館）

06（6941）3431

中国四国管区行政評価局　〒730－0012　広島県広島市中区上八丁掘6－30

（広島合同庁舎第4号館）

082（228）6171

四国行政評価支局　　〒760－0019　香川県高松市サンポート3番33号

（高松サンポート合同庁舎南館6階）

087（826）0671

九州管区行政評価局　〒812－0013　福岡県福岡市博多区博多駅東

2－11－1　　（福岡合同庁舎）

092（431）7081

沖縄行政評価事務所　〒900－0006　沖縄県那覇市おもろまち

2－1－1

（那覇第2地方合同庁舎1号館）

098（866）0145

〔地方総合通信局〕

北海道総合通信局　〒060－8795　北海道札幌市北区北8条西2丁目

1－1　（札幌第1合同庁舎）

011（709）2311

東北総合通信局　〒980－8795　宮城県仙台市青葉区本町

3－2－23　仙台第2合同庁舎

022（221）0604

資

料

関東総合通信局　〒102−8795　東京都千代田区九段南１−２−１
　　　　　　　　　　　　　　　　　九段第３合同庁舎
　　　　　　　　　　　03（6238）1600

信越総合通信局　〒380−8795　長野県長野市旭町1108
　　　　　　　　　　　　　　　　　長野第１合同庁舎
　　　　　　　　　　　026（234）9963

北陸総合通信局　〒920−8795　石川県金沢市広坂２−２−60
　　　　　　　　　　　　　　　　　金沢広坂合同庁舎
　　　　　　　　　　　076（233）4412

東海総合通信局　〒461−8795　愛知県名古屋市東区白壁
　　　　　　　　　　　　　　　　　１−15−１
　　　　　　　　　　（名古屋合同庁舎第３号館）
　　　　　　　　　　　052（971）9105

近畿総合通信局　〒540−8795　大阪府大阪市中央区大手前
　　　　　　　　　　　　　　　　　１−５−44
　　　　　　　　　　（大阪合同庁舎第１号館）
　　　　　　　　　　　06（6942）8505

中国総合通信局　〒730−8795　広島県広島市中区東白島町19−36
　　　　　　　　　　　082（222）3303

四国総合通信局　〒790−8795　愛媛県松山市味酒町２丁目14−４
　　　　　　　　　　　089（936）5010

九州総合通信局　〒860−8795　熊本県熊本市西区春日２−10−１
　　　　　　　　　　　096（326）7819

沖縄総合通信事務所　〒900−8795　沖縄県那覇市旭町１−９
　　　　　　　　　　　　　　　　　カフーナ旭橋Ｂ街区５階
　　　　　　　　　　　098（865）2300

総務省常設審議会

名　　称	(庶務担当部局課・TEL・会長名)
地方財政審議会	自治財政局財政課 03 (5253) 5611
会　　長	堀場　勇夫
行政不服審査会	行政不服審査会事務局 03 (5253) 5170
会　　長	原　優
情報公開・個人情報保護審査会	情報公開・個人情報保護審査会事務局 03 (5501) 1724
会　　長	山名　学
官民競争入札等監理委員会	官民競争入札等監理委員会事務局 03 (5501) 1878
委　員　長	稲生　信男
独立行政法人評価制度委員会	行政管理局独立行政法人評価担当 03 (5253) 5111
委　員　長	野路　國夫
国地方係争処理委員会	自治行政局行政課 03 (5253) 5509
委　員　長	富越　和厚
電気通信紛争処理委員会	電気通信紛争処理委員会事務局 03 (5253) 5686
委　員　長	田村　幸一
電波監理審議会	総合通信基盤局総務課 03 (5253) 5825
会　　長	吉田　進

資

料

統　計　委　員　会

　委　　　員　　　長　　北村　行伸

情　報　通　信　審　議　会　　情報流通行政局総務課総合通信管理室
　　　　　　　　　　　　　　03（5253）5432
　会　　　　　　　　長　　内山田　竹志

情報通信行政・郵政行政審議会　　情報流通行政局総務課
　　　　　　　　　　　　　　03（5253）5709
　会　　　　　　　　長　　多賀谷　一照

国立研究開発法人審議会　　国際戦略局技術政策課
　　　　　　　　　　　　　　03（5253）5724
　会　　　　　　　　長　　尾家　祐二

政治資金適正化委員会　　政治資金適正化委員会事務局
　　　　　　　　　　　　　　03（5253）5598
　委　　　員　　　長　　伊藤　鉄男

政　策　評　価　審　議　会　　行政評価局
　　　　　　　　　　　　　　03（5253）5427
　委　　　員　　　長　　岡　素之

恩　給　審　査　会　　政策統括官（恩給担当）
　　　　　　　　　　　　　　03（3202）1111
　会　　　　　　　　長　　長瀬　隆英

消　防　審　議　会　　消防庁総務課
　　　　　　　　　　　　　　03（5253）7506
　会　　　　　　　　長　　田中　淳

総務省歴代大臣・幹部一覧

氏　　名	発令年月日	氏　　名	発令年月日
〔大　　臣〕		桜　井　　　俊	27. 7. 31
片　山　虎之助	13. 1. 6	佐　藤　文　俊	28. 6. 17
(12. 12. 5～)		安　田　　　充	29. 7. 11
麻　生　太　郎	15. 9. 22	鈴　木　茂　樹	元. 7. 5
竹　中　平　蔵	17. 10. 31	黒　田　武一郎	元. 12. 20
菅　　　義　偉	18. 9. 26		
増　田　寛　也	19. 8. 27	**〔総務審議官〕**	
鳩　山　邦　夫	20. 9. 24	天　野　定　功	13. 1. 6
佐　藤　　　勉	21. 6. 12	中　川　良　一	13. 1. 6
原　口　一　博	21. 9. 16	濱　田　弘　二	13. 1. 6
片　山　善　博	22. 9. 17	金　澤　　　薫	13. 7. 6
川　端　達　夫	23. 9. 2	月　尾　嘉　男	14. 1. 8
樽　床　伸　二	24. 10. 1	香　山　充　弘	14. 1. 8
新　藤　義　孝	24. 12. 26	西　村　正　紀	14. 8. 2
高　市　早　苗	26. 9. 3	松　井　　　浩	15. 1. 17
野　田　聖　子	29. 8. 3	鍋　倉　真　一	15. 1. 17
石　田　真　敏	30. 10. 2	久　山　慎　一	16. 1. 6
高　市　早　苗	元. 9. 11	高　原　耕　三	16. 1. 6
武　田　良　太	2. 9. 16	畠　中　誠二郎	17. 1. 11
		堀　江　正　弘	17. 8. 15
〔事務次官〕		平　井　正　夫	17. 8. 15
嶋　津　　　昭	13. 1. 6	有　冨　寛一郎	17. 8. 15
金　澤　　　薫	14. 1. 8	瀧　野　欣　彌	18. 7. 21
西　村　正　紀	15. 1. 17	清　水　英　雄	18. 7. 21
香　山　充　弘	16. 1. 16	戸　谷　好　秀	19. 7. 6
林　　　省　吾	17. 8. 15	鈴　木　康　雄	19. 7. 6
松　田　隆　利	18. 7. 21	森　　　　　清	19. 7. 6
瀧　野　欣　彌	19. 7. 6	寺　﨑　　　明	20. 7. 4
鈴　木　康　雄	21. 7. 14	福　井　良　次	21. 7. 14
岡　本　　　保	22. 1. 15	岡　本　　　保	21. 7. 14
小笠原　倫　明	24. 9. 11	小笠原　倫　明	22. 1. 15
岡　崎　浩　巳	25. 6. 28	山　川　鉄　郎	22. 7. 27
大　石　利　雄	26. 7. 22	村　木　裕　隆	23. 8. 26

氏　名	発令年月日
田　中　順　一	24. 9. 11
大　石　利　雄	24. 9. 11
田　中　栄　一	24. 9. 11
桜　井　　　俊	25. 6. 28
吉　崎　正　弘	25. 6. 28
戸　塚　　　誠	26. 7. 22
阪　本　泰　男	26. 7. 22
笹　島　誉　行	27. 7. 31
佐　藤　文　俊	27. 7. 31
福　岡　　　徹	28. 6. 17
鈴　木　茂　樹	28. 6. 17
若　生　俊　彦	29. 7. 11
富　永　昌　彦	29. 7. 11
渡　辺　克　也	30. 7. 20
長　屋　　　聡	元. 7. 5
黒　田　武一郎	元. 7. 5
山　田　真貴子	元. 7. 5
谷　脇　康　彦	2. 7. 20
吉　田　眞　人	2. 7. 20

〔大臣官房長〕

氏　名	発令年月日
團　　　宏　明	13. 1. 6
畠　中　誠二郎	14. 1. 8
瀧　野　欣　彌	15. 1. 17
平　井　正　夫	16. 1. 6
森　　　　　清	17. 8. 15
荒　木　慶　司	18. 7. 21
田　中　順　一	19. 7. 6
大　石　利　雄	21. 7. 14
田　中　栄　一	22. 1. 15
吉　良　裕　臣	22. 7. 27
門　山　泰　明	24. 9. 11
戸　塚　　　誠	25. 6. 28
福　岡　　　徹	26. 7. 22

氏　名	発令年月日
黒　田　武一郎	27. 7. 31
山　田　真貴子	28. 6. 17
林　崎　　　理	29. 7. 11
武　田　博　之	30. 8. 1
横　田　真　二	元. 7. 5
原　　　邦　彰	2. 7. 20

〔大臣官房総括審議官〕

氏　名	発令年月日
畠　中　誠二郎	13. 1. 6
林　　　省　吾	13. 1. 6
平　井　正　夫	14. 1. 8
板　倉　敏　一	14. 1. 8
伊　藤　祐一郎	15. 1. 17
衞　藤　英　達	15. 11. 4
大　野　慎　一	16. 2. 19
荒　木　慶　司	16. 7. 2
熊　谷　　　敏	17. 8. 15
久　保　信　保	18. 7. 21
山　川　鉄　郎	18. 7. 21
岡　崎　浩　巳	19. 7. 10
桜　井　　　俊	19. 7. 10
田　中　栄　一	20. 7. 4
河　内　正　孝	20. 7. 4
福　井　武　弘	21. 7. 14
田　中　栄　一	21. 7. 14
大　石　利　雄	22. 1. 15
久保田　誠　之	22. 7. 27
吉　崎　正　弘	23. 8. 15
田　口　尚　文	24. 9. 11
福　岡　　　徹	24. 9. 11
佐々木　敦　朗	25. 7. 1
鈴　木　茂　樹	25. 6. 28
武　井　俊　幸	25. 6. 28
安　田　　　充	26. 7. 22

氏　　名	発令年月日
今 林 顯 一	26. 7. 22
稲 山 博 司	27. 7. 31
安 藤 友 裕	27. 7. 31
富 永 昌 彦	27. 7. 31
長 尾 　 聡	28. 6. 17
武 田 博 之	28. 6. 17
宮 地 　 毅	29. 7. 11
吉 田 真 人	29. 7. 11
安 藤 英 作	30. 7. 20
山 崎 俊 巳	30. 8. 1
奈 良 俊 哉	元. 7. 5
秋 本 芳 徳	元. 7. 5
前 田 一 浩	元. 8. 3
吉 田 博 史	2. 7. 20
竹 村 晃 一	2. 7. 20

〔大臣官房技術総括審議官〕

氏　　名	発令年月日
田 中 征 治	13. 1. 6
石 原 秀 昭	13. 7. 6
鬼 頭 達 男	15. 8. 5
松 本 正 夫	17. 8. 15

〔大臣官房地域力創造審議官〕

氏　　名	発令年月日
椎 川 　 忍	20. 7. 4
門 山 泰 明	22. 7. 27
武 居 丈 二	24. 9. 11
関 　 博 之	25. 1. 23
原 田 淳 志	26. 7. 22
時 澤 　 忠	28. 6. 17
池 田 憲 治	29. 7. 11
佐々木 　 浩	30. 7. 20
境 　 　 勉	元. 7. 5
大 村 慎 一	2. 7. 20

〔政策立案総括審議官〕

氏　　名	発令年月日
横 田 信 孝	30. 7. 20
吉 開 正治郎	元. 7. 5
阪 本 克 彦	2. 7. 20

〔政策統括官〕

氏　　名	発令年月日
西 村 正 紀	13. 1. 6
(併：内閣官房行政改革推進事務局長)	
高 原 耕 三 (情報通信担当)	
	13. 1. 6
清 水 英 雄 (情報通信担当)	
	15. 1. 17
稲 村 公 望 (情報通信担当)	
	13. 7. 6
大 野 慎 一	14. 4. 1
(電子政府・電子自治体等担当)	
藤 井 昭 夫	16. 1. 6
(電子政府・電子自治体等担当)	
鈴 木 康 雄 (情報通信担当)	
	16. 1. 6
久布白 　 寛	17. 1. 11
(電子政府・電子自治体等担当)	
清 水 英 雄 (情報通信担当)	
	17. 5. 17
寺 﨑 　 明 (情報通信担当)	
	18. 8. 21
中 田 　 睦 (情報通信担当)	
	19. 7. 6
戸 塚 　 誠 (情報通信担当)	
	20. 7. 4
原 　 正 之	21. 7. 14
佐 藤 文 俊 (情報通信担当)	
	23. 7. 15

資料

氏　　名	発令年月日
阪　本　泰　男 (情報通信担当)	
	24. 9. 11
吉　田　　　靖 (情報通信担当)	
	25. 6. 28
南　　　後　行 (情報通信担当)	
	26. 7. 22
今　林　顯　一 (情報通信担当)	
	28. 6. 17
谷　脇　康　彦 (情報セキュリティ担当)	
	29. 7. 11

〔人事・恩給局長〕

氏　　名	発令年月日
大　坪　正　彦	13. 1. 6
久　山　愼　一	14. 1. 8
戸　谷　好　秀	16. 1. 6
藤　井　昭　夫	19. 7. 6
村　木　裕　隆	20. 7. 4
田　中　順　一	23. 8. 26
笹　島　誉　行	24. 9. 11
(26. 5. 30　　廃止)	

〔行政管理局長〕

氏　　名	発令年月日
坂　野　泰　治	13. 1. 6
松　田　隆　利	14. 1. 8
畠　中　誠二郎	16. 7. 2
藤　井　昭　夫	17. 1. 11
石　田　直　裕	18. 7. 21
村　木　裕　隆	19. 7. 6
橋　口　典　央	20. 7. 4
戸　塚　　　誠	21. 7. 14
若　生　俊　彦	25. 6. 28
上　村　　　進	26. 4. 22
山　下　哲　夫	28. 6. 17
堀　江　宏　之	30. 7. 20

氏　　名	発令年月日
三　宅　俊　光	元. 7. 5
横　田　信　孝	2. 7. 20

〔行政評価局長〕

氏　　名	発令年月日
塚　本　壽　雄	13. 1. 6
田　村　政　志	15. 1. 17
福　井　良　次	17. 8. 15
熊　谷　　　敏	18. 7. 21
関　　　有　一	19. 7. 6
田　中　順　一	21. 7. 14
新　井　英　男	23. 8. 26
宮　島　守　男	24. 9. 11
渡　会　　　修	25. 6. 28
新　井　　　豊	27. 1. 16
讃　岐　　　建	28. 6. 17
白　岩　　　俊	元. 7. 5

〔自治行政局長〕

氏　　名	発令年月日
芳　山　達　郎	13. 1. 6
畠　中　誠二郎	15. 1. 17
武　智　健　二	16. 7. 2
髙　部　正　男	17. 8. 15
藤　井　昭　夫	18. 7. 21
岡　本　　　保	19. 7. 6
久　元　喜　造	20. 7. 4
望　月　達　史	24. 9. 11
門　山　泰　明	25. 6. 28
佐々木　敦　朗	26. 7. 22
渕　上　俊　則	27. 7. 31
安　田　　　充	28. 6. 17
山　﨑　重　孝	29. 7. 13
北　崎　秀　一	30. 8. 1
髙　原　　　剛	元. 7. 5

氏　　名	発令年月日
〔自治財政局長〕	
香　山　充　弘	13. 1. 6
林　　　省　吾	14. 1. 8
瀧　野　欣　彌	16. 1. 6
岡　本　　　保	18. 7. 21
久　保　信　保	19. 7. 6
椎　川　　　忍	22. 7. 27
佐　藤　文　俊	24. 9. 11
安　田　　　充	27. 7. 31
黒　田　武一郎	28. 6. 17
林　崎　　　理	30. 8. 1
内　藤　尚　志	元. 7. 5
〔自治税務局長〕	
石　井　隆　一	13. 1. 6
瀧　野　欣　彌	14. 1. 8
板　倉　敏　和	15. 1. 17
小　室　裕　一	17. 8. 15
河　野　　　栄	18. 7. 21
岡　崎　浩　巳	21. 7. 14
株　丹　達　也	24. 9. 11
米　田　耕一郎	25. 8. 2
平　嶋　彰　英	26. 7. 22
青　木　信　之	27. 7. 31
林　崎　　　理	28. 6. 30
内　藤　尚　志	29. 7. 11
開　出　英　之	元. 7. 5
稲　岡　伸　哉	2. 7. 20
〔情報通信国際戦略局長〕	
小　笠　原　倫　明	20. 7. 4
利根川　　　一	22. 1. 15
桜　井　　　俊	24. 9. 11
阪　本　泰　男	25. 6. 28

氏　　名	発令年月日
鈴　木　茂　樹	26. 7. 22
山　田　真貴子	27. 7. 31
谷　脇　康　彦	28. 6. 17
（29. 9. 1　改組）	
〔国際戦略局長〕	
今　林　顕　一	29. 7. 11
吉　田　眞　人	30. 7. 20
巻　口　英　司	元. 7. 5
〔情報流通行政局長〕	
山　川　鉄　郎	20. 7. 4
田　中　栄　一	22. 7. 27
吉　崎　正　弘	24. 9. 11
福　岡　　　徹	25. 6. 28
安　藤　友　裕	26. 7. 22
今　林　顯　一	27. 7. 31
南　　　俊　行	28. 6. 17
山　田　真貴子	29. 7. 11
吉　田　真　人	元. 7. 5
秋　本　芳　徳	2. 7. 20
〔情報通信政策局長〕	
鍋　倉　眞　一	13. 1. 6
高　原　耕　三	13. 7. 6
武　智　健　二	16. 1. 6
堀　江　正　弘	16. 7. 2
竹　田　義　行	17. 8. 15
鈴　木　康　雄	18. 7. 21
小　笠　原　倫　明	19. 7. 6
（20. 7. 4　改組）	
〔総合通信基盤局長〕	
金　澤　　　薫	13. 1. 6

氏　　名	発令年月日	氏　　名	発令年月日
鍋倉　眞一	13. 7. 6	須江　雅彦	24. 9. 11
有冨寛一郎	15. 1. 17	井波　哲尚	26. 7. 22
須田　和博	17. 8. 15	會田　雅人	27. 7. 31
森　　　清	18. 7. 21	千野　雅人	29. 7. 11
寺﨑　　明	19. 7. 6	佐伯　修司	元. 7. 5
桜井　　俊	20. 7. 4		

〔政策統括官(統計基準担当)〕

氏　名	発令年月日
吉良　裕臣	24. 9. 11
福岡　　徹	27. 7. 31
富永　昌彦	28. 6. 17
渡辺　克也	29. 7. 11
谷脇　康彦	30. 7. 20
竹内　芳明	2. 7. 20

〔政策統括官(統計基準担当)〕

久布白　寛	17. 8. 15
貝沼　孝二	19. 7. 6
中田　　睦	20. 7. 4
池川　博士	21. 7. 14
伊藤　孝雄	23. 8. 15
平山　　眞	24. 9. 11

〔郵政企画管理局長〕

松井　　浩	13. 1. 6
團　　宏明	14. 1. 8
野村　　卓	15. 1. 17
（15. 3. 31　廃止）	

〔政策統括官（統計基準、恩給担当）〕

平山　　眞	26. 5. 30
田家　　修	26. 7. 22
新井　　豊	28. 6. 17
三宅　俊光	29. 7. 11
吉開　正治郎	2. 7. 20

〔郵政行政局長〕

野村　　卓	15. 4. 1
清水　英雄	16. 1. 6
鈴木　康雄	17. 5. 17
須田　和博	18. 7. 21
橋口　典央	19. 7. 6
（20. 7. 4　改組）	

〔公正取引委員会委員長〕

根来　泰周	8. 8. 28
竹島　一彦	14. 7. 31
（15. 4. 9　内閣府へ移行）	

〔統計局長〕

久山　慎一	13. 1. 6
大戸　隆信	14. 1. 8
大林　千一	16. 1. 6
衞藤　英達	17. 8. 15
川崎　　茂	19. 1. 5
福井　武弘	23. 8. 15

〔公害等調整委員会委員長〕

川嵜　義徳	9. 7. 1
加藤　和夫	14. 7. 1
大内　捷司	19. 7. 1
富越　和厚	24. 7. 1
荒井　　勉	29. 7. 1

氏　　名	発令年月日
〔消防庁長官〕	
中　川　浩　明	13. 1. 6
石　井　隆　一	14. 1. 8
林　　　省　吾	16. 1. 6
板　倉　敏　和	17. 8. 15
髙　部　正　男	18. 7. 21
荒　木　慶　司	19. 7. 6
岡　本　　　保	20. 7. 4
河　野　　　栄	21. 7. 14
久　保　信　保	22. 7. 27
岡　崎　浩　巳	24. 9. 11
大　石　利　雄	25. 6. 28
坂　本　森　男	26. 7. 22
佐々木　敦　朗	27. 7. 31
青　木　信　之	28. 6. 30

氏　　名	発令年月日
稲　山　博　司	29. 7. 11
黒　田　武一郎	30. 7. 20
林　崎　　　理	元. 7. 5
横　田　真　二	2. 7. 20
〔郵政公社統括官〕	
野　村　　　卓	13. 1. 6
（15. 3. 31　廃止）	
〔郵政事業庁長官〕	
足　立　盛二郎	13. 1. 6
松　井　　　浩	14. 1. 8
團　　　宏　明	15. 1. 17
（15. 3. 31　廃止）	

資

料

総務省組織概要図

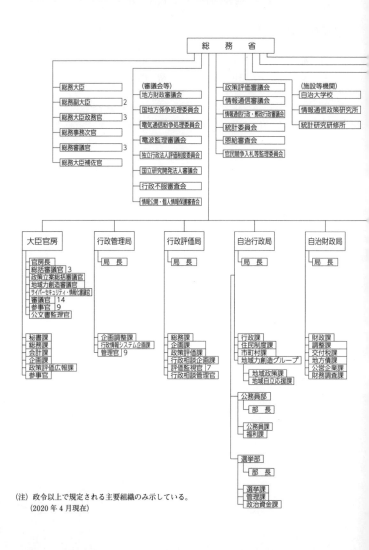

総務省

総務大臣
総務副大臣　2
総務大臣政務官　3
総務事務次官
総務審議官　3
総務大臣補佐官

（審議会等）
地方財政審議会
国地方係争処理委員会
電気通信紛争処理委員会
電波監理審議会
独立行政法人評価制度委員会
国立研究開発法人審議会
行政不服審査会
情報公開・個人情報保護審査会

政策評価審議会
情報通信審議会
情報通信行政・郵政行政審議会
統計委員会
恩給審査会
官民競争入札等監理委員会

（施設等機関）
自治大学校
情報通信政策研究所
統計研究研修所

大臣官房
官房長
総括審議官　3
政策立案総括審議官
地域力創造審議官
サイバーセキュリティ・情報化審議官
審議官　14
参事官　9
公文書監理官

秘書課
総務課
会計課
企画課
政策評価広報課
参事官

行政管理局
局　長

企画調整課
行政情報システム企画課
管理官　9

行政評価局
局　長

総務課
企画課
政策評価課
行政相談企画課
評価監視官　7
行政相談管理官

自治行政局
局　長

行政課
住民制度課
市町村課
地域力創造グループ
　地域政策課
　地域自立応援課

公務員部
　部　長

公務員課
福利課

選挙部
　部　長

選挙課
管理課
政治資金課

自治財政局
局　長

財政課
調整課
交付税課
地方債課
公営企業課
財務調査課

(注) 政令以上で規定される主要組織のみ示している。
　　（2020 年 4 月現在）

(特別の機関)	(外局)	(地方支分部局)
中央選挙管理会	公害等調整委員会	管区行政評価局　7
自治紛争処理委員	消防庁	四国行政評価支局
※事件ごとに総務大臣が任命。	消防大学校	沖縄行政評価事務所
政治資金適正化委員会		総合通信局　10
		沖縄総合通信事務所

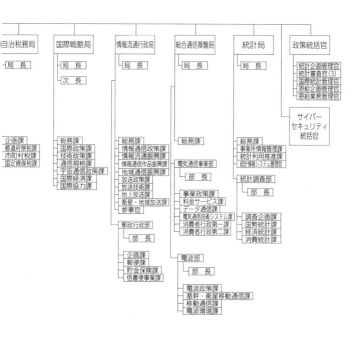

自治税務局	国際戦略局	情報流通行政局	総合通信基盤局	統計局	政策統括官
局　長	局　長	局　長	局　長	局　長	統計企画管理官
	次　長				統計審査官(3)
					国際統計管理官
					恩給企画管理官
					恩給業務管理官

サイバーセキュリティ統括官

自治税務局	国際戦略局	情報流通行政局	総合通信基盤局	統計局	政策統括官
企画課	総務課	総務課	総務課	総務課	
都道府県税課	国際政策課	情報通信政策課		事業所情報管理官	
市町村税課	技術政策課	情報流通振興課	電気通信事業部	統計利用推進課	
固定資産税課	通信規格課	情報通信作品振興課	部　長	統計情報システム管理官	
	宇宙通信政策課	地域通信振興課			
	国際経済課	放送政策課	事業政策課	統計調査部	
	国際協力課	放送技術課	料金サービス課	部　長	
		地上放送課	データ通信課		
		衛星・地域放送課	電気通信技術システム課	調査企画課	
		参事官	消費者行政第一課	国勢統計課	
			消費者行政第二課	経済統計課	
		郵政行政部		消費統計課	
		部　長	電波部		
			部　長		
		企画課			
		郵便課	電波政策課		
		貯金保険課	基幹・衛星移動通信課		
		信書便事業課	移動通信課		
			電波環境課		

資

料

■組織概要図

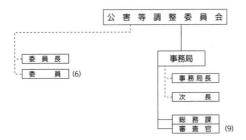

(注) 政令職以上の主要組織のみを示しており、順不同である。

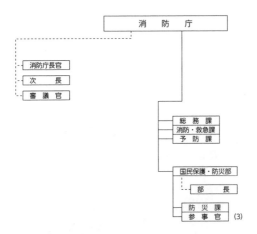

(注1) 政令職以上の主要組織のみを示しており、順不同である。
(注2) 審議会等は除いている。

出身都道府県別幹部一覧

北海道

山 村 和 也
行政管理局管理官（内閣・内閣府・個人情報保護委員会・金融・総務・公調委・財務等）

伊 藤 正 志
自治財政局財務調査課長

豊 嶋 基 暢
情報流通行政局情報通信政策課長 併任 内閣官房副長官補付 命 内閣官房情報通信技術（IT）総合戦略室参事官 命 内閣官房デジタル市場競争本部事務局参事官

松 井 俊 弘
北海道総合通信局長

青森県

藤 田 和 重
審理官

岩手県

菅 原 希
大臣官房審議官（行政管理局担当)

佐々木 淳
大臣官房審議官（行政評価局担当)

宮城県

越 後 和 徳
趣味 少年サッカーコーチ 学生時代の所属部 合気道、総務省総合通信基盤局電気通信事業部電気通信技術システム課長

石 山 英 顕
消防庁消防・救急課長

秋田県

佐 藤 紀 明
統計局統計調査部調査企画課長 併任 統計情報利用推進課長

山形県

片 桐 広 逸
総合通信基盤局電波部基幹・衛星移動通信課長

福 田 勲
情報公開・個人情報保護審査会事務局総務課長

福島県

志 田 文 毅
行政管理局管理官（文部科学・農水・防衛・公取委等)

白 石 昌 義
沖縄総合通信事務所長

茨城県

望 月 明 雄
大臣官房企画課長

飯 塚 雅 夫
行政評価局行政相談管理官

菱 沼 宏 之
情報流通行政局郵政行政部企画課長

群馬県

砂 山 裕
行政評価局総務課長

角 田 秀 夫
自治行政局地域自立応援課長

辺 見 聡
大臣官房審議官（情報流通行政局担当)

栗 原 直 樹
統計審査官（政策統括官付）併任 政策統括官付統計企画管理官付 併任 統計委員会担当室次長（政策統括官付)

埼玉県

田 中 聖 也
大臣官房参事官（秘書課担当)

鳥海貴之
　行政管理局管理官（消費者・経済産業・環境・国公委・法務等）

渡邊　輝
　大臣官房審議官（公営企業担当）

五嶋青也
　自治財政局公営企業課長 併任 内閣官房内閣参事官（内閣総務官室）併任 内閣府大臣官房参事官（総務課担当）命 皇位継承式典事務局参事官

渋谷闘志彦
　情報流通行政局郵政行政部郵便課長

山田幸夫
　統計企画管理官（政策統括官付）

井上　勉
　政治資金適正化委員会事務局長

千葉県

花井　光
　行政評価局評価監視官（内閣、総務等担当）

野竹司郎
　行政評価局評価監視官（法務、外務、経済産業等担当）

山口最丈
　自治税務局固定資産税課長

栁島　智
　国際戦略局技術政策課長 併任 内閣府技官（参事官（課題実施担当）（政策統括官（科学技術・イノベーション担当）付））

湯本博信
　大臣官房審議官（情報流通行政局担当）

鈴木信也
　総合通信基盤局電波部長

小松　聖
　統計局統計調査部消費統計課長

田原康生
　サイバーセキュリティ統括官

本間祐次
　中国総合通信局長

鈴木康幸
　消防庁消防大学校消防研究センター所長

東京都

阪本克彦
　大臣官房政策立案総括審議官 併任 公文書監理官

箕浦龍一
　大臣官房サイバーセキュリティ・情報化審議官

栗田奈央子
　大臣官房政策評価広報課長 併任 政策立案支援室長

原嶋清次
　行政評価局企画課長

黒瀬敏文
　大臣官房審議官（新型コロナウイルス感染症対策・地域振興担当）併任 内閣官房副長官補付 命 内閣官房就職氷河期世代支援推進室次長

山越伸子
　自治行政局公務員部長

植村　哲
　自治行政局公務員部公務員課長 併任 内閣府本府地方分権改革推進室参事官

黒野嘉之
　自治財政局交付税課長

田辺康彦
　自治税務局都道府県税課長

大森一顕
　国際戦略局国際政策課長

荻原直彦
　情報流通行政局放送技術課長

林　弘郷
　情報流通行政局地上放送課長

吉田恭子
　情報流通行政局衛星・地域放送課長

吉田正彦
　総合通信基盤局総務課長

小川久仁子
　総合通信基盤局電気通信事業部消費者行政第二課長

永 島 勝 利
統計局総務課長

津 村 　 晃
国際統計管理官（政策統括官付）

中 溝 和 孝
サイバーセキュリティ統括官付参事官
（総括担当）

高 村 　 信
サイバーセキュリティ統括官付参事官
（政策担当）

海 野 敦 史
サイバーセキュリティ統括官付参事官
（国際担当）

吉 田 博 史
大臣官房総括審議官（広報、政策企画
（主））（併）電気通信紛争処理委員会
事務局長

高 地 圭 輔
情報通信政策研究所長

水 上 　 保
関東管区行政評価局長

野 水 　 学
四国総合通信局長

五 味 裕 一
消防庁審議官

荒 竹 宏 之
消防庁国民保護・防災部防災課長

神奈川県

長 屋 　 聡
総務審議官（行政制度）

原 　 邦 彰
大臣官房長

村 上 剛 一
大臣官房参事官 併：大臣官房総務課
管理室長

白 岩 　 俊
行政評価局長

足 達 雅 英
自治行政局地域政策課長

巻 口 英 司
国際戦略局長

渡 辺 　 健
国際戦略局次長

柴 山 佳 徳
国際戦略局国際協力課長

川 野 真 稔
総合通信基盤局電気通信事業部料金サ
ービス課長

片 桐 義 博
総合通信基盤局電気通信事業部消費者
行政第一課長

川 村 一 郎
北海道管区行政評価局長

森 　 丘 　 宏
東北管区行政評価局長

田 尻 信 行
東北総合通信局長

杉 野 　 勲
信越総合通信局長

荻 澤 　 滋
消防庁国民保護・防災部長

新潟県

熊 木 利 行
恩給企画管理官（政策統括官付）

渡 部 良 一
官民競争入札等監理委員会事務局長
併任 行政管理局公共サービス改革推
進室長

富山県

坂 越 健 一
自治財政局地方債課長

石川県

植 松 良 和
統計審査官（政策統括官付）併任 統
計改革実行推進室参事官（政策統括官
付）併任 統計局事業所情報管理課長

資
料

171

福井県

西 澤 能 之
行政管理局管理官（行政通則法）、総
務省行政管理局管理官（政府情報シス
テム基盤、行政情報システム総括）併
任 行政管理局行政情報システム企画
課 併任 内閣官房副長官補付 命 内閣
官房情報通信技術（IT）総合戦略室
参事官

布施田 英 生
総合通信基盤局電波部電波政策課長

三 田 一 博
北陸総合通信局長

山梨県

千 野 雅 人
国際統計交渉官（政策統括官付）

長野県

内 藤 尚 志
自治財政局長

阿 部 靖 典
恩給業務管理官（政策統括官付）

土 屋 光 弘
中部管区行政評価局長

岐阜県

小 川 康 則
自治行政局行政課長

渡 邉 勝 大
消防庁国民保護・防災部参事官

静岡県

渡 邉 繁 樹
大臣官房参事官 命 個人番号企画室長
事務取扱

米 澤 俊 介
大臣官房審議官（行政評価局担当）併
任 財務省大臣官房審議官（大臣官房
担当）

大 村 慎 一
大臣官房地域力創造審議官

今 川 拓 郎
総合通信基盤局電気通信事業部長

愛知県

山 碕 良 志
大臣官房参事官（秘書課担当）

森 源 二
自治行政局選挙部長

金 澤 直 樹
情報流通行政局地域通信振興課長 併
任 沖縄情報通信振興室長

三重県

黒 田 忠 司
行政評価局評価監視官（復興、国土交
通担当）

髙 田 義 久
情報流通行政局郵政行政部貯金保険課
長

京都府

大 槻 大 輔
行政評価局行政相談企画課長

野 村 謙一郎
自治行政局公務員部福利課長

小 谷 敦
自治行政局選挙部政治資金課長

井 幡 晃 三
情報流通行政局放送政策課長

内 山 昌 也
統計審査官（政策統括官付）

大阪府

吉 田 眞 人
総務審議官（国際）

横 田 信 孝
行政管理局長

中 井 幹 晴
　行政評価局評価監視官（財務、文部科学等担当）
阿 部 知 明
　大臣官房審議官（地方行政・個人番号制度、地方公務員制度、選挙担当）
植 田 昌 也
　自治行政局市町村課長
清 田 浩 史
　自治行政局選挙部管理課長
出 口 和 宏
　自治財政局財政課長
飯 倉 主 税
　情報流通行政局情報流通振興課長
井 上 　 卓
　統計局統計調査部長
椿 　 泰 文
　関東総合通信局長
長 塩 義 樹
　東海総合通信局長
髙 野 　 潔
　近畿総合通信局長

兵庫県

黒 田 武一郎
　総務事務次官 命 総務省倫理監督官
竹 村 晃 一
　大臣官房総括審議官（情報通信担当）併任 内閣官房副長官補付 命 内閣官房情報通信技術（ＩＴ）総合戦略室室員
玉 田 康 人
　大臣官房総務課長
稲 岡 伸 哉
　自治税務局長
寺 﨑 秀 俊
　自治税務局企画課長
三 島 由 佳
　情報流通行政局情報通信作品振興課長
赤 松 俊 彦
　自治大学校長

奈良県

辻 　 寛 起
　行政評価局政策評価課長 併任 行政評価局（連携調査、環境等担当）
上 坊 勝 則
　自治行政局参事官
坂 中 靖 志
　九州総合通信局長

鳥取県

三 橋 一 彦
　自治行政局住民制度課長
平 池 栄 一
　統計研究研修所長

岡山県

久 山 淳 爾
　行政管理局管理官（特殊法人総括・独法制度総括、外務）
髙 原 　 剛
　自治行政局長
小 原 邦 彦
　官民競争入札等監理委員会事務局参事官
宮 田 昌 一
　九州管区行政評価局長

広島県

前 田 一 浩
　大臣官房総括審議官（マイナンバー情報連携、政策企画（副）担当）
岡 本 成 男
　行政評価局評価監視官（農林水産、防衛担当）
徳 満 純 一
　行政評価局評価監視官 併任 内閣官房内閣参事官（内閣官房副長官補付）
菱 田 光 洋
　国際戦略局国際経済課長
上 田 　 聖
　統計局統計調査部経済統計課長

平野 真哉
中国四国管区行政評価局長

山口県

中村 隆一
四国行政評価支局長

寺田 文彦
消防庁消防大学校長

徳島県

奥田 直彦
行政管理局行政情報システム企画課長

住友 貴広
国際戦略局宇宙通信政策課長

香川県

七條 浩二
行政管理局企画調整課長

川窪 俊広
大臣官房審議官（税務担当）

德光 歩
情報流通行政局郵政行政部信書便事業課長

竹内 芳明
総合通信基盤局長

横田 真二
消防庁長官

愛媛県

谷脇 康彦
総務審議官（郵政・通信）

新田 一郎
自治財政局調整課長

佐伯 修司
統計局長

山内 達矢
近畿管区行政評価局長

高知県

澤田 稔一
行政管理局電子政府特別研究官

福岡県

吉開 正治郎
政策統括官（統計基準担当）（恩給担当）命 統計改革実行推進室長

齋藤 秀生
消防庁総務課長

白石 暢彦
消防庁予防課長

佐賀県

馬場 竹次郎
大臣官房審議官（財政制度・財務担当）

安藤 高明
政治資金適正化委員会事務局参事官

長崎県

牛山 智弘
国際戦略局総務課長

岩佐 哲也
大臣官房審議官（統計局、統計基準、統計情報戦略推進担当）命 統計改革実行推進室次長

吉牟田 剛
大臣官房審議官（行政評価局担当）併任 情報公開・個人情報保護審査会事務局長

熊本県

武藤 真郷
大臣官房秘書課長 命 人事管理官

長谷川 孝
大臣官房参事官 併任 企画課政策室長

犬童 周作
情報流通行政局総務課長

阿向 泰二郎
統計局統計調査部国勢統計課長

大分県

藤 田 清太郎
　大臣官房会計課長 併：予算執行調査
　室長
安 仲 陽 一
　行政評価局評価監視官（厚生労働等担
　当）
笠 置 隆 範
　自治行政局選挙部選挙課長

宮崎県

佐 藤 正 昭
　統計局統計情報システム管理官

鹿児島県

山 口 英 樹
　消防庁次長

沖縄県

城 間 盛 孝
　沖縄行政評価事務所長

人　名　索　引

総務省名鑑－2021年版

令和 2 年11月12日 初版発行　定価(本体3,300円＋税)

編 著 者	米 盛 康 正
発 行 所	株式会社　時 評 社

郵 便 番 号　　　　100-0013
東京都千代田区霞が関 3 - 4 - 2
商工会館・弁理士会館ビル 6 F
電　話（03）3580－6633
振 替 口 座 00100-2-23116

©時評社 2020

印刷・製本 株式会社 太平印刷社　落丁・乱丁本はお取り換えいたします

ISBN978-4-88339-277-3 C2300 ¥3300E